HEYNE

Marlene Warelopoulos
Birgit Heyn · Anda Dinhopl

Gesund genießen mit Ayurveda

Die alte indische Ernährungslehre in der europäischen Vollwertküche

WILHELM HEYNE VERLAG
MÜNCHEN

HEYNE RATGEBER
08/5362

Umwelthinweis:
Dieses Buch wurde auf
chlor- und säurefreiem Papier gedruckt.

4. Auflage

Originalausgabe 7/2001

http://www.heyne.de
Printed in Germany 2004
Redaktion: Redaktionsbüro Sieck/Annerose Sieck
Umschlagillustration: Jahreszeiten Syndication/J. P. Westermann
Umschlaggestaltung: Eisele Grafik-Design, München
Satz: Schaber Satz- und Datentechnik Wels
Druck und Bindung: GGP Media, Pößneck

ISBN 3-453-17961-7

Inhalt

REZEPTTEIL

Einige Worte vorweg

Liebe Leserin, lieber Leser!

Wenn Sie Freude an gesundem Essen haben und bereit sind, der täglichen Zubereitung ein wenig mehr Aufmerksamkeit zu schenken, ist dieses Kochbuch genau das richtige für Sie. »Gesundes Essen« bedeutet nicht den Verzicht auf Wohlgeschmack. Ganz im Gegenteil: In den vergangenen zwölf Jahren habe ich für die Gäste der Kräuterdrogerie täglich Mahlzeiten zubereitet, die einerseits Gaumen und Sinne erfreuen und andererseits dem Organismus alle Nährstoffe bieten, die man braucht, um in einer Welt existieren zu können, deren Anforderungen sich in den letzten Jahrzehnten extrem verändert haben. Dabei habe ich mir das tausende Jahre alte Wissen des Ayurveda, der Wissenschaft vom glücklichen Leben, zu Nutze gemacht. Ayurveda zeigt uns den Weg, wie wir gereifte Erfahrungen und uralte Erkenntnisse in vielen Bereichen des Lebens für uns verwerten können. Mein Ziel liegt darin, das ayurvedische Wissen auch praktisch in einer Vollwertküche anzuwenden, die unseren heutigen Lebens- und Ernährungsgewohnheiten entspricht.

Viele von uns leben in Umgebungen und nach Rhythmen, die kaum mehr etwas von den natürlichen Umständen spüren lassen, die uns im Lauf der Menschheitsgeschichte ganz langsam und allmählich zu den Individuen gemacht haben, die wir heute sind. So manche nehmen kaum mehr wahr, dass die Gesetze der Natur immer noch Einfluss auf sie haben – sowohl innerhalb wie auch außerhalb des Körpers. Im Allgemeinen befriedigen wir lediglich das Bedürfnis eines leeren Magens und ein durch die Werbung der Industrie gelenktes Begehren.

Die Industrie ist allerdings keineswegs an den Bedürfnissen des Einzelnen interessiert, sondern lediglich am Gewinn: Und der wird durch die Verführung einer großen Käuferschar zu immer neuen, unnötigen (bis schädlichen) Produkten erzielt. Dazu genügt ein Blick in die Regale eines Supermarktes: Süßes – meterweise. Ebenso Konserven, Fertigprodukte, steril und geruchsfrei abgepackt, aber verlockend beworben.

Gehen wir hingegen auf einen Markt, werden wir von einer Fülle natürlicher Farben und Düfte überwältigt, und sofort reagieren unser Gehirn, unser Magen und – unsere Sinne! Aber wer hat schon Gelegenheit, täglich über einen Markt zu schlendern? Wer nimmt sich Muße für scheinbar mühsames, zeitraubendes Gemüseputzen und aufwendiges Kochen? Es ist verständlich, dass in dieser schnelllebigen Zeit immer mehr Menschen zum Fertiggericht und zum Fastfood greifen.

Dass es aber trotzdem möglich sein kann, mit mehr Wissen um die Rolle der Ernährung für ein gesundes Leben, und durch bessere Organisation gehalt- und freudvolles Essen zuzubereiten, dazu soll Ihnen dieses Kochbuch Anregung bieten. Es schreibt Ihnen nichts vor. Keine Kalorientabellen, keine Nährstoffanalysen, an die Sie sich halten müssen. Ein im ayurvedischen Sinn ausgewogen zubereitetes Mahl entsteht durch eine sorgsame Auswahl an Lebensmitteln, Gewürzen und der richtigen Art der Zubereitung.

Ihre Marlene Warelopoulos

Erste Schritte in ein gesundes Leben

Entdecken Sie mit mir gemeinsam den neuen Geschmack und das schöpferische Abenteuer der Zubereitung einer bekömmlichen Mahlzeit. Es dauert vielleicht etwas länger, als ein Fertiggericht in die Mikrowelle oder den Ofen zu stellen, aber es kostet sicher nicht mehr Zeit und Mühe als »herkömmliches« Kochen.

Was wir benötigen:
- Lust auf Veränderung
- Experimentierfreude
- ein paar neue Lebensmittel und Gewürze
- einen Wochenspeiseplan (für die bessere Übersicht darüber, was wir essen, und für gezieltes Einkaufen)

Was wir dafür erhalten:
- einen widerstandsfähigeren Körper
- mehr Energie
- erspartes Geld (weil wir nichts Unnötiges einkaufen und auf Medikamente verzichten)
- vergnügte und zufriedene (Mit-)Esser

Ein paar einfache Regeln (zum Nachdenken):
- Sie haben nur einen Körper in diesem Leben, deshalb sollten Sie ihn sorgsam behandeln.
- Was erst gar nicht ins Essen hineinkommt, kann man auch nicht »herausschmecken«: Qualität ist spürbar!

- Gut ist nicht gleich teuer und kompliziert, sondern überlegt und sorgfältig ausgewählt.
- Betrachten Sie »Essen« als etwas Besonderes, an dem alle Sinne beteiligt sind.
- Gut kauen, denn bereits im Mund beginnt die Verdauung!
- Verbote und schlechtes Gewissen schaden nur.
- Achten Sie auf Ihre Bedürfnisse.

Was gut ist für den Körper:

- Lebensmittel aus biologischem Anbau enthalten weniger Schadstoffe und schmecken wesentlich besser als herkömmlich angebaute, mit Kunstdünger, Insektiziden und Pestiziden behandelte Nahrungsmittel. Sie werden auch besser verdaut.
- Essen Sie täglich auch einige frische Nahrungsmittel: Salate, Rohkost, Obst. Wie viel davon Ihrer Verdauung und Ihrem Organismus verträglich ist, hängt von Ihrem persönlichen Dosha ab (dazu mehr im Kapitel über Ayurveda).
- Gemüse (hält Ihren Säure-Basen-Haushalt aufrecht) und Getreide (es enthält lebenswichtige Mineralstoffe, Vitamine und Ballaststoffe) sollten im Mittelpunkt Ihrer Nahrungsmittelpalette stehen.
- Vor allem Vegetarier vergessen manchmal die ausreichende Versorgung mit lebenswichtigem Eiweiß, was sich als Müdigkeit bemerkbar machen kann. Nehmen Sie also regelmäßig Hülsenfrüchte, Tofu, Tempeh und bei guter Verträglichkeit auch Milchprodukte und Eier (in Maßen) zu sich.
- Fett ist wichtig, aber essen Sie das richtige: Kalt gepresste Öle (sie enthalten essenzielle Fettsäuren) und andere natürliche Fette wie Ghee, Butter, Nüsse (Nussmus), Samen oder Kerne sind am gesündesten.
- Gewürze und Kräuter, frisch oder getrocknet, spielen eine zentrale Rolle für die Bekömmlichkeit aller Speisen und

bieten die Möglichkeit, die Wirkung der Lebensmittel Ihren Doshas gemäß zu variieren. Sie sind sozusagen Heilpflanzen im Miniformat.

- Salz ist wichtig, es sollte aber nicht zu viel davon verwendet werden. Benutzen Sie auch Kräutersalz, Gomasio, Tamari und Algen.
- Zucker sollte wie ein Gewürz verwendet werden. Verbannen Sie weißen Zucker komplett aus der Küche und ersetzen ihn durch Zuckerrohrgranulat, Honig, Dicksäfte, Malz, Trockenfrüchte (Rosinen etc.).
- Abwechslung regt die Sinne an und bietet dem Körper ein reiches Angebot der Stoffe, die er benötigt.

Die Befolgung dieser Regeln ist ein guter Grundstein für unsere Gesundheit und für sinnvolles Essen.

Wichtig: Die richtigen Nährstoffe

Für eine ausgewogene, gesunde Ernährung und den Erhalt der Leistungsfähigkeit benötigt der menschliche Körper Nährstoffe. Dazu zählen Kohlenhydrate, Fette und Proteine. Darüber hinaus ist er auf die Zufuhr von Vitaminen, Mineralstoffen und Spurenelementen angewiesen.

Kohlenhydrate

Sie dienen unserem Körper als Energiequelle für Körperwärme und Muskeltätigkeit und sollten deshalb den Hauptanteil unserer Kalorienzufuhr ausmachen. Man unterscheidet zwei Arten: einfache, leicht lösliche Kohlenhydrate (Zucker) und komplexe, schwer lösliche Kohlenhydrate (Stärke). Stärkehaltige Nahrungsmittel sind besonders wertvoll: Nehmen Sie Kohlenhydrate in Form von vollwertigem Getreide, Obst und Gemüse zu sich, werden Sie mit hohem Sättigungsgrad und der ausreichenden Aufnahme von Mineralstoffen, Vitaminen und Ballaststoffen belohnt.

■ Ballaststoffe

Auch Ballaststoffe (Faserstoffe) sind Kohlenhydrate. Während der Körper Zucker und Stärke leicht abbauen und im Stoffwechsel verwerten kann, sind Faserbestandteile wie die Zellulose zunächst unverdaulich. Um dem Körper als Nährstoffe zur Verfügung zu stehen, müssen sie von Darmbakterien aufgeschlossen werden.

■ Fette

Die durchschnittliche Fettmenge, die wir täglich zu uns nehmen, sollte 1 g pro kg Körpergewicht nicht überschreiten. Das bedeutet also etwa 50–80 g Fett pro Tag. Auskommen kann unser Organismus jedoch mit einer Menge von 30–40 g Fett. Entscheidend ist, um welche Fette es sich handelt.

Fett besteht aus Molekülen, den so genannten Fettsäuren. Man unterscheidet drei Haupttypen: gesättigte, einfach ungesättigte und mehrfach ungesättigte Fette. Fleischprodukte enthalten im Allgemeinen zu viele gesättigte Fette; ein Zuviel kann zu Übergewicht und zum Ansteigen des LDL-Cholesterins führen. LDL-Cholesterin begünstigt das Risiko der Arterienverkalkung.

Gesünder ist die Verwendung von einfach und mehrfach ungesättigten Fetten, die kalt gepresste Öle und Nüsse liefern. Ganz ohne Fett kommt unser Körper nicht aus: Fett hat einen hohen Sättigungsgrad, ist notwendig, um unseren Darm zu »schmieren« und garantiert die Aufnahme der fettlöslichen Vitamine A, D, E und K.

▪ Proteine

Proteine dienen dem menschlichen Körper in erster Linie als Baustoff für Zellen, Muskeln und Organe. Lebenswichtig ist nicht das Protein selbst, sondern seine Bausteine, die so genannten Aminosäuren. Die Menge und Art der Aminosäuren, aus der sich ein Eiweiß zusammensetzt, ist von Protein zu Protein unterschiedlich. Eiweißmoleküle bestehen aus etwa 25 Aminosäuren, von denen unser Körper 15 selbst herstellen kann. Die übrigen Aminosäuren nennt man auch »essenziell«, das heißt, wir müssen sie mit der Nahrung zuführen. Nur wenn diese essenziellen Aminosäuren in einer Mahlzeit vorhanden sind, können wir sie als vollwertig bezeichnen. Getreide enthält einen relativ geringen Prozentsatz an Eiweiß. Deshalb ist es wichtig, auf die richtige Kombination von Nahrungsmitteln zu achten.

Der Grundstock für die gesunde Küche

Die Welt ist zusammengerückt. Auch in der Küche geht es mittlerweile international zu. Allerdings sollte Produkten, die im gut sortierten Naturkostbereich erhältlich sind, der Vorzug gegeben werden. Folgende Lebensmittel sollte man auf Vorrat im Haus haben:

▪ *Ghee.* Ghee ist der Sanskrit-Ausdruck für geklärte Butter (Butterschmalz). Sie werden so gut wie in jeder ayurvedischen Literatur darauf stoßen. Es gibt kaum ein besseres Mittel, um Speisen anzubraten. Durch das »Klären« der Butter werden Eiweiß und Wasser eliminiert: Übrig bleibt das reine Fett, das köstlich schmeckt und das man gut erhitzen kann (bis 180 °C). Ghee hält mehrere Wochen. Laut Ayurveda kann der Körper Ghee besser verarbeiten, und es belastet die Leber weniger als andere Fette. Ghee »reinigt die Kanäle«, bringt Energie zum Fließen, unterstützt die Aufnahme von Nährstoffen und die Ausscheidung von Giften.

Ghee wird – speziell im kühleren Nordindien – nicht nur bei der Zubereitung von Speisen eingesetzt, sondern auch als Heilmittel. Es wird für Pasten und Salben mit Heilkräutern vermischt, pur für die innere Reinigung verwendet oder in Milch zu sich genommen, um Kapha zu stärken und Vata zu dämpfen. Wie jedes andere Fett sollte auch Ghee in vernünftigem Maß verwendet werden. Wie man es zubereitet, können Sie im Rezeptteil lesen.

■ *Vegetarische Gemüsebrühe ohne Geschmackverstärker.* Praktisch als Instant-Pulver, weil es sich gut auflöst, oder als Paste bzw. Würfel, lässt sich Gemüsebrühe zur Geschmacksverfeinerung hervorragend einsetzen.

■ *Miso.* Hierbei handelt es sich um ein japanisches Produkt aus Sojabohnen und Meersalz. Wird Getreide zugesetzt (vorwiegend Reis und Gerste), so mildert dies den intensiven Geschmack. Qualitativ hochwertiges Miso entsteht durch einen langen Fermentationsprozess, durch den das Eiweiß der Sojabohnen und des Getreides in 18 Aminosäuren (darunter alle essenziellen Aminosäuren) aufgespalten wird, was die Gesamtmenge des verwertbaren Eiweißes in einer Speise beträchtlich erhöht – ein vor allem für Vegetarier nicht zu unterschätzender Vorteil. Durch die Gärung entstehen Enzyme und Mikroorganismen, die die Verdauung unterstützen und eine gesunde Darmflora aufbauen helfen. Miso kann bei vielen Gerichten die Gemüsebrühe ersetzen: Es darf zwar kurz köcheln, sollte aber nicht kochen, weil dabei wertvolle Wirkstoffe zerstört werden.

■ *Tamari.* Die naturbelassene Sojasauce aus Sojabohnen und Meersalz fiel ursprünglich als Nebenprodukt bei der Herstellung von Miso an. Mittlerweile ist die Nachfrage so groß, dass sie auch eigens produziert wird. Der aromatische Geschmack des Tamari geht auf die enthaltenen Aminosäuren zurück (siehe Miso). Tamari eignet sich durch sein kräftiges Aroma besonders gut zum Würzen von Hülsenfrüchten.

■ *Shoyu.* Diese Sojasauce enthält neben Sojabohnen und Meersalz auch Weizen. Durch die Gärung des Weizens entstehen Zucker und Alkohol, was zu einem sehr ausdrucksvollen Aroma mit milder Süße führt. Shoyu unterstützt den Eigengeschmack der Speisen, die damit zubereitet und mariniert werden. Es sollte erst in den letzten Minuten des Kochvorganges zugesetzt werden.

■ *Reismehl.* Ideales Bindemittel für Suppen und Saucen. Es ist leicht selbst herzustellen, indem man Vollreis in der Getreidemühle fein mahlt. Reismehl hat den Vorteil der Vollwertigkeit und unterstützt den Geschmack der Speisen mit seiner zarten Sämigkeit. Wenn Sie mit Reismehl binden, sollten Sie nicht mit Honig süßen (dadurch verändert sich die Stärke und alles verdünnt sich wieder).

■ *Kräutersalz.* Es enthält neben Koch- oder Meersalz gemahlene Kräuter wie Sellerie, Petersilie und Liebstöckel und gibt den Speisen ein besonderes Aroma.

■ *Apfelessig und Balsamico.* Diese beiden Essigsorten sind in der Küche unentbehrlich. Der säuerliche und frische Apfelessig hellt den Geschmack vieler Speisen auf und macht sie leichter verdaulich (er unterstützt unser »Verdauungsfeuer«). Oft ist er das Tüpfelchen auf dem »i«, wenn einer Cremesuppe oder einem

Gericht aus Hülsenfrüchten noch das gewisse Etwas fehlt. In Verbindung mit Öl, ein bisschen Honig und verschiedensten Kräutern und Gewürzen ist er die Basis köstlicher Salatmarinaden. Der dunkle, mildere Balsamico eignet sich besonders zur Verfeinerung zarter Gemüse (z. B. Zucchini, Kürbis, Eichblattsalat) und von Frischkäse.

■ *Süßmittel.* Wenn Sie erst einmal auf den Geschmack alternativer Süßmittel gekommen sind, werden Sie weißen Zucker ganz sicher nicht mehr vermissen. Es stehen Ihnen Zuckerrohrgranulat, Honig, Ahornsirup, Gerste- oder Reismalz, Apfel- oder Birnendicksaft oder Agavensirup zur Verfügung. Natürlich brauchen Sie nicht alle sofort; doch nach und nach finden Sie sicher Ihre Favoriten.

■ *Kalt gepresste Öle aus biologischem Anbau.* Grundsätzlich vorrätig sollten Sonnenblumen-, Sesam- und Olivenöl sein. Sonnenblumenöl enthält mehrfach ungesättigte Fettsäuren, die unser Körper für verschiedene Stoffwechselvorgänge (u. a. um Cholesterin abzubauen), zum Aufbau von Zellmembranen, Hormonen und Darmbakterien benötigt. Olivenöl enthält vor allem einfach ungesättigte Fettsäuren und unterstützt positiv die Herztätigkeit. Olivenöle gibt es in großer Zahl und in herrlichen, unterschiedlichen Geschmacksvarianten. Sesamöl schmeckt leicht nussig, ist wärmend und relativ schwer und deshalb besonders gut für Vata.

Weitere Lebensmittel, die lange halten und auf die man zurückgreifen kann, wenn man einmal keine Zeit zum Einkaufen hat, sind:

■ *Hülsenfrüchte:* rote und braune Linsen, Dupuy-Linsen, weiße, schwarze, rote Bohnen und Mungo-Bohnen.

■ *Getreide:* Hirse (rasch zubereitet), Reis (rasch zubereitet), Quinoa, ein südamerikanisches Getreide mit viel Eiweiß und Mineralstoffen (sehr rasch zubereitet), Buchweizen (rasch zubereitet), Dinkel, Sechskorn, Weizen, Roggen, Gerste, Kamut. Die Lagerung ungemahlenen Getreides ist vor allem dann sinnvoll, wenn Sie eine Getreidemühle besitzen.

■ *Getreideprodukte* (sehr rasch zubereitet): Polenta (Maisgrieß), Dinkel-, Weizen-, Kamut- oder Hirsegrieß, Hafer-, Buchweizen, Weizen-, Gersteflocken, Bulgur aus Dinkel oder Weizen, Kochdinkel (früher: Dinkelreis).

■ *Biologische Vollwert-Pizzaböden, Pita-Taschen und Nudeln.*

■ *»Milchreserve« und -ersatz:* Der Reisdrink ist durch das Reismalz, das bei der Herstellung entsteht, leicht süß. Einfach köstlich für süße Getreideaufläufe, Desserts und als Zusatz für Gewürz- und Pfefferminztees. Bekömmlich und leicht verdaulich. Der Sojadrink hat einen neutralen Geschmack, in der Konsistenz ist er der Milch ähnlich; mittlerweile gibt es Sojadrinks in diversen Geschmacksrichtungen. Der Haferdrink ist relativ dickflüssig, kann aber verdünnt werden. Der sämige und nussige Hafergeschmack eignet sich sehr gut für Breie und süße, cremige Saucen.

■ *Süßes:* Ideal sind Sojadesserts. Mit etwas Sahne oder ätherischen Ölen oder Gewürzen lassen sich aus Sojadesserts blitzschnell tolle Puddings »kreieren«. Eingelegte Früchte und Kompotte, Apfelmus aus biologischem Anbau sowie Trockenfrüchte sind zum Naschen, aber auch zum Kochen geeignet.

■ *Nüsse, Kerne, Samen:* Kürbiskerne, Sonnenblumenkerne, Walnüsse, Mandeln, Pistazien, Cashewkerne, Sesam & Co. sind nicht nur als schmackhafte Ingredienzien für die Küche geeignet, sie enthalten zudem hochwertiges (weil völlig unbehandeltes) Fett, Eiweiß und viele Mineralien, Vitamine und Spurenelemente.

▪ *Pikantes:* In Olivenöl eingelegte Oliven, Kapern und getrocknete Tomaten machen aus jedem Stück Schafskäse eine wahre Delikatesse. Daneben sollten ein guter Senf, Tomatenprodukte wie Mark, Sauce, Pulpe, geschnittene Tomaten und immer ein Stück Parmesan vorrätig sein.

Damit Sie Spaß am Kochen haben, sollten Sie nicht nur die richtigen Zutaten im Haus haben. Auch vernünftige Werkzeuge und Geräte sind für ein gutes Gelingen wichtig. Dazu gehören:

- scharfe Messer
- eine Muskatreibe – auch für getrocknete Ingwerwurzel und Tonkabohne
- eine Gemüsebürste
- eine Pfeffermühle
- Suribachi und Surikogi – eine Reibschale (innen aus unglasiertem Ton) und ein Stössel aus Holz
- ein Sparschäler
- ein Standmixer zum Pürieren, Schneiden und Raspeln
- ein Pürierstab

Die ayurvedische Lehre

Der Begriff Ayurveda stammt aus dem Sanskrit, der altindischen Sprache der Gelehrten, die heute noch verwendet wird (ähnlich wie bei uns das Lateinische). Es setzt sich aus zwei Wörtern zusammen:

AYU – das Leben in seiner Gesamtheit von Körper, Seele und Geist und
VEDA – Wissen, Weisheit und Lernen

Meist wird Ayurveda als »Das Wissen von einem gesunden, glücklichen und erfüllten Leben« übersetzt, was erkennen lässt, dass es sich dabei nicht nur um eine Heilkunde handelt, die auf Symptome reagiert, sondern um ein komplexes Gefüge, das auf alle Bereiche des Lebens Einfluss nimmt, auf medizinische Therapien ebenso wie auf Ernährung, soziales Verhalten, Hygiene, Meditation ...

Damit Sie sich wirklich wohl fühlen, reicht es nicht allein, sich vollwertig zu ernähren. Es ist sinnvoll, die gesunde Vollwerternährung mit dem ayurvedischen Prinzip in Einklang zu bringen. Bevor Sie sich also den Rezepten zuwenden, lernen Sie vorerst die Grundlagen des Ayurveda kennen:

Sich gesund ernähren im Sinne des Ayurveda heißt, auf alle Bedürfnisse im Körper, in der Seele und im Geist eines Menschen durch die richtige Auswahl und Zubereitung von Lebensmitteln einzugehen. Nur so bleibt der Mensch in Harmonie. Die Nahrung sollte der Lehre entsprechend generell ausgewogen und »vollwertig« sein sowie alle Bausteine des Lebens enthalten. Sie können aber darauf verzichten, Kalorien, Vitamine, Mineralstoffe und Spurenelemente zu zählen und abzuwägen, denn Sie lernen durch die Verwendung Ihrer Sinne und Ihrer Intuition auf Stärken und Schwächen des Organismus schnell und gefühlvoll zu reagieren.

Ayurvedische Ernährung ist individuell verträglich und passt sich den unterschiedlichen Menschen, den Möglichkeiten ihrer Verdauung und ihrer körperlichen und seelischen Verfassung an.

Die Ernährungsregeln des Ayurveda schreiben nichts grundsätzlich »Gesundes« vor, sondern beziehen sich immer auf die Konstitution des Individuums, wie folgendes Zitat belegt:

»Wenn sich jemand seiner Konstitution und den äußeren Gegebenheiten gemäß ernährt, wird er in Harmonie bleiben. Wenn sich aber jemand ohne Rücksicht auf seine Konstitution und ohne Anpassung an beeinflussende Faktoren ernährt, dann hilft auch eine Arznei nicht, diesen Menschen auf Dauer wieder ins Gleichgewicht zu bringen.«

Die Grundkonstitution des Menschen (Prakrti) wird ständig von äußeren und inneren Faktoren beeinflusst und wird so zu Vrikrti (Abweichung vom harmonischen Zustand).

Äußere Faktoren können sein:

- das Klima eines Landes und die Wettersituation
- die Jahres- und Tageszeit
- die Menschen (Familie, Freunde, Arbeitskollegen) und ihr Umgang miteinander
- die Beschaffenheit von Wohnung, Haus und Arbeitsplatz
- die Art der Körperpflege und die Qualität der kosmetischen Produkte

- die Art des Sports oder der Bewegungsübungen (Yoga-Asanas)
- die Auswahl und Zubereitung der Nahrungsmittel

Wie soll nun aus ayurvedischer Sicht eine Speise beschaffen sein, die uns gesund erhält?

1. Sie soll uns schmecken.
2. Sie soll alle Sinne ansprechen: duften, appetitlich aussehen, gut verdaulich und abwechslungsreich gewürzt sein und alle sechs (!) Geschmacksrichtungen beinhalten.
3. Die Bestandteile der Mahlzeit sollen von optimaler Qualität sein (biologischer Anbau, frisch, geschmackvoll etc.).
4. Sie soll unsere Konstitution unterstützen und Disharmonien ausgleichen.
5. Sie soll schon bei der Zubereitung Freude machen.

Ayurveda ist – ebenso wie das Kochen – eine äußerst sinnliche Wissenschaft. Wir – die Autorinnen – können Ihnen keine Patentrezepte liefern. Was wir können, ist, Ihnen ein paar Werkzeuge an die Hand geben, damit Sie mit dem alten Wissen des Ayurveda Ihre eigenen Erfahrungen und Beobachtungen machen können. Wenn Sie mit diesem Kochbuch effizient arbeiten wollen, genügt es nicht, unsere Rezepte einfach nachzukochen (was allerdings schon zu sehr guten kulinarischen Ergebnissen führt), sondern Sie sollen riechen, schmecken, tasten, schauen, hören.

Die drei Samhitas

Die konkrete medizinische Grundlage des Ayurveda bilden drei Samhitas (Zusammenfassungen), mit denen sich noch heute jeder Student des Ayurveda beschäftigen muss.

Caraka-Samhita

Dieses Werk wird einem Arzt, der etwa 700 v. Chr., in einer Zeit kultureller Hochblüte, an der Universität in Taxila (Panjab) unterrichtete, zugeordnet. Der Name bedeutet »Wanderer«, was sowohl die Person meinen, aber auch nur auf den damals üblichen Beruf des wandernden Arztes hinweisen kann. Die Schriften stammen aus einem Zeitraum, der mindestens um 1500 v. Chr. beginnt, und sie beruhen auf den Erfahrungen und Beobachtungen vieler Heiler und Heilerinnen. Sie wurden später von Caraka überarbeitet und überliefert. Ihr Schwerpunkt liegt auf der Inneren Medizin. Sie beschreiben sehr detailliert die Beschaffenheit des menschlichen Körpers, Einflüsse, die den Menschen krank machen, Methoden der Untersuchungen und Diagnosen. Sie beinhalten eine grundlegende Ernährungslehre und die genaue Beschreibung vieler Heilpflanzen und ihrer Wirkweise.

Sushruta-Samhita

Das Werk ist nach Sushruta benannt, der heute als »Vater der Chirurgie« gilt. In diesen Schriften findet man detaillierte Beschreibungen chirurgischer Instrumente, äußerst differenzierte und noch heute aktuelle Vorstellungen möglicher operativer Eingriffe, auch die der plastischen Chirurgie. Anatomie, die bereits erstaunliche Kenntnisse über Blutgefäße, Herz, Kreislauf und Nerven beinhaltet, ist ebenso beschrieben wie Ätiologie (Krankheitsursachen). Ausführliche Kapitel beschäftigen sich mit den Marmas, den Energiepunkten oder »vitalen« Stellen des Körpers und mit der Therapie von Krankheiten, für die 700 Heilpflanzen, 57 tierische und 64 mineralische Medikamente herangezogen werden konnten.

Dass an der Erstellung dieses umfangreichen Werkes ebenso wie bei der Caraka-Samhita die Weisheit vieler eingeflossen ist, zeigt ihr Umfang, der die Beschreibungen von Krankheiten und ihren Behandlungsmöglichkeiten aus einem Gebiet umfasst, das von der Tiefe der Gangesmündung bis zur Höhe des Himalaya reicht, dessen klimatische Bedingungen extreme Kälte ebenso erleben lassen wie brütende Hitze, das Dürre genauso kennt wie eine Niederschlagsmenge von 3000 Millimetern im Jahr.

Asthanga-Sangraha und Asthanga-Hridaya

Diese dritte Säule des klassischen Ayurveda entstand zwischen 200 und 500 unserer Zeitrechnung (je nach Quelle). Sie ist eine Modernisierung der Schriften Carakas, Sushrutas und anderer Autoren. Asthanga bedeutet achtfach, weil dieses Werk die acht Richtungen des Ayurveda behandelt. Neu ist hier die Erwähnung der medizinischen Astrologie.

Ein Exkurs in die Geschichte

Ayurveda ist eines der ältesten und umfassendsten medizinischen Systeme der Welt.

Durch den Glauben an die Wiedergeburt spielt eine exakte Zeitmessung und die Erwähnung einzelner historischer Persönlichkeiten im Ayurveda keine große Rolle, dafür umso mehr der spirituelle Hintergrund und die persönliche Überlieferung.

Brahman, der Schöpfer der Welt, übergab die Veden den Rishis, weisen Seherinnen und Sehern, die durch ihre Spiritualität die heilenden Kräfte des Kosmos erkannten. Dieses Wissen wurde von Generation zu Generation mündlich weitergegeben, und erst als die Weisen ahnten, dass es mit den intellektuellen Fähigkeiten und dem Gedächtnis der Menschen allmählich bergab gehen würde, wurde es – über einen langen Zeitraum – in den Veden niedergeschrieben. Die klassischen Veden wurzeln im Hinduismus und bestehen aus vier Teilen, die die Essenz historischen, religiösen, philosophischen und medizinischen Wissens beinhalten. Der älteste Teil, Rig Veda, dessen Ursprung bis 6000 v. Chr. zurückreichen soll, setzt sich aus 1028 Gesängen, den Samhitas, zusammen und bildet das Fundament der Veden. Das jüngere Atharva Veda ist am engsten mit dem Ayurveda verknüpft.

Im Lauf der Geschichte hat der Ayurveda das Heilwissen vieler Länder beeinflusst und wurde von den indischen Gelehrten durch den Austausch mit Heilkundigen anderer Kulturen ständig erweitert und ergänzt. Durch diesen fruchtbaren Austausch der alten Hochkulturen, besonders um die Zeit Alexanders des Großen (um 320 v.Chr.), erweiterte sich der Wissensfundus in relativ kurzer Zeit enorm. Die Wissenschaften, und damit auch der Ayurveda, wurden stärker empirisch und rational fundiert.

Etwa 70 Jahre später erlangte die ayurvedische Medizin besondere Bedeutung und Verbreitung, als Kaiser Ashoka, der sich ein großes und stabiles Reich vom Hindukusch-Gebirge im Norden bis nach Mysore im Süden erkämpft hatte, sich vom Hinduismus abwandte und den Buddhismus zur Staatsreligion erklärte. Es wurden im ganzen Land Krankenhäuser errichtet, Ärzte und Pflegepersonal ausgebildet, Heilkräutergärten angelegt und das medizinische Wissen wurde zum wichtigsten Rüstzeug der Mönche, die den Buddhismus in ganz Asien verbreiteten. In Tibet, Zentralasien, Sri Lanka, in Teilen von China und Japan, in Indochina und in Indonesien wird bis heute Ayurveda oder eine daraus entwickelte Heilkunde praktiziert. Übersetzungen ayurvedischer Schriften wurden angefertigt, eine davon, die nach ihrem Entdecker »Bower-Manuskript« heißt, gehört zu den ältesten original erhaltenen Handschriften. Auf 56 Birkenrindenblättern hat ein Ayurveda kundiger Wandermönch der Ashoka-Zeit die Geschmacksqualitäten und ihre Wirkungen auf die drei Doshas, die drei im Körper wirkenden energetischen Kräfte, beschrieben.

Die Moslems fielen erstmals im 11. Jahrhundert in Nordindien ein. Die Macht des Islam überdeckte das vielfältige Spektrum der Religionen Indiens, die Moslems brachten ihre eigene Heilkunde mit, die Unani-Medizin. Sie basiert auf der alten griechischen Medizin und reifte im gesamten islamischen Raum zu einem hoch entwickelten medizinischen System. Durch vorangegangene Übersetzungen ayurvedischer Texte ins Arabische hatten diese jedoch schon früh Einfluss auf die Unani-Medizin genommen und kamen nun auf »Umwegen« zurück. Heute werden in Indien Ayurveda, Unani und westliche Medizin nebeneinander praktiziert.

Dass die ayurvedische Medizin und die vedische Weisheit in den »Untergrund« verschwinden mussten, ist den britischen Kolonialherren zuzuschreiben. 1833 schloss und verbot die East India Company sämtliche Ayurveda-Schulen und gründete in Kalkutta die erste Universität für westliche Medizin. Trotzdem ließen sich nach wie vor große Teile des Volkes von ayurvedischen Ärzten behandeln, deren Therapien ihnen vertraut waren und deren Medikamente und Empfehlungen sie sich leisten konnten.

Etwa ab 1920 wuchs mit der indischen Unabhängigkeitsbewegung wieder die Besinnung auf das eigene kulturelle Erbe, Schulen und Universitäten unter indischer Leitung wurden gegründet und Ayurveda nahm einen neuen Aufschwung. Als erste Hochschule richtete die Benares-Hindu-University eine

Fakultät für Ayurvedische Medizin ein. Heute hat Indien über 50 staatliche und etwa 80 private ayurvedische Hochschulen, und auch in vielen anderen Ländern entstehen Ausbildungsstätten für Ayurveda – für das medizinische Studium ebenso wie als ergänzende Bildungsmöglichkeiten für Ernährungsberater, Masseure, Heilpraktiker, Psychologen, Ärzte und andere Interessentengruppen.

Die fünf Elemente

Nach den Veden besteht die Welt und alles darin Befindliche aus fünf Elementen: Äther (akash), Luft (vayu), Feuer (teja), Wasser (ap), Erde (prithvi). Man bezeichnet diese Elemente auch als die fünf Zustandsformen von Energie. Das gesamte Universum, jedes Lebewesen, jeder Mensch, jede Nahrung besteht aus diesen Elementen.

Das erste und feinstofflichste Element, ohne das nichts entstehen kann und dem alle anderen Elemente entstammen, ist der Raum oder Äther. Er beginnt sich in der Bewegung zu verdichten und wird somit zu Luft. Durch die wiederholte Bewegung der Luft entsteht Reibung und in weiterer Verdichtung das nächste Element – Feuer. Es schmilzt, kühlt ab und verdichtet sich zu Wasser. Das wiederum gerinnt und wird in weiterer Verdichtung zu Erde, in der nun alle anderen Elemente vorhanden sind.

Die 20 Eigenschaften (Gunas)

Um die fünf Elemente in ihren Erscheinungsformen beschreiben zu können, benötigen wir Ausdrucksmöglichkeiten. Die Lehre des Ayurveda bietet uns dafür 20 Eigenschaften, die

Gunas. Sie bestehen aus zehn Paaren, die jeweils Gegensätze bilden. Durch diese Eigenschaften lassen sich Lebensmittel, Gewürze, Getränke, also alle Substanzen, die wir zu uns nehmen, beschreiben. Denn jede Substanz hat durch ihre Eigenschaften eine Wirkung auf unseren Körper und unsere Befindlichkeit.

Diese 20 Eigenschaften (Gunas) sind:

- schwer – leicht
- kalt – heiß
- ölig – trocken
- langsam – schnell
- fest – beweglich
- hart – weich
- schleimig – klar
- rau – glatt
- dicht – fein
- dickflüssig – wässrig

Um ein Gleichgewicht zu erreichen, arbeitet der Ayurveda vorwiegend mit Gegensätzen, die einander ausgleichen. Zum Beispiel: Der zu Trockenheit und damit zu Verstopfung neigende Darm benötigt ölige Substanzen, die seine Funktion aufrechterhalten. Daraus folgt in der Ernährung: Die Portion Gemüse sollte mit etwas Ghee verzehrt werden.

Jede der Eigenschaften muss immer in ihrer Beziehung zur anderen gesehen werden. Zum Beispiel: Brot ist eine kalte Mahlzeit, aber wärmer als ein gekühltes Milchprodukt. Grundsätzlich ist keines von ihnen »besser« oder »schlechter«. Es kommt auf die Kraft (Hitze) Ihrer Verdauung an, auf die Außentemperatur, auf die Tageszeit und auf Ihre Konstitution, welche Wahl im Moment die bessere für Sie ist. Zwischen den Gunas gibt es verschiedene Wechselwirkungen, so können die

Eigenschaften heiß und trocken die Eigenschaft fest erzeugen, etwa wenn Sie Dörrobst herstellen, aber auch die Eigenschaft beweglich, wenn Sie Butter schmelzen. Darum ist es stets notwendig, die Wirkung einer Eigenschaft auf eine Substanz – oder auf den eigenen Zustand – einschätzen zu können, indem Sie sich fragen, welchen Einfluss ein bestimmtes Guna auf Sie hat.

Faszinierenderweise findet man in dieser Skala zwei Gegensatzpaare nicht: Gut und schlecht, Gesund und ungesund. Das bedeutet, dass für jede/n etwas anderes gut und gesund sein kann. Wichtig ist allein, dass der Mensch zum richtigen Zeitpunkt die richtige Substanz wählt.

Die drei Doshas

Vata, Pitta und Kapha sind drei Begriffe aus der ayurvedischen Lehre, die wohl alle kennen, die irgendwann mit der indischen Naturheilkunde in Berührung gekommen sind. Sie bezeichnen nicht einen »Typ«, sondern es sind die drei Kräfte, die aller lebendigen Materie zugrunde liegen. Jedes Dosha ist in allen Zellen, Geweben und Organen des Körpers wirksam, darüber hinaus aber auch in Geist und Seele. An ihnen wird die Wechselbeziehung des Menschen mit seiner Ernährung und der gesamten Umwelt sichtbar.

Jeder Mensch »enthält« von Geburt an alle drei Doshas, jedoch in unterschiedlicher Ausprägung. Die Tri Doshas treten nie einzeln auf, sie stehen in einem dynamischen Gleichgewicht zueinander und sind voneinander abhängig. Befinden sich diese drei Regelkräfte unseres Seele-Körper-Geist-Systems in ihrer Balance, bedeutet dies Gesundheit. Entstehen Dissonanzen, sind Störungen die Folge.

Vata – das Prinzip der Bewegung

Vata setzt in Gang. Und Vata zerstört, damit immer wieder Neues entstehen kann.

Vata besteht aus *Raum und Luft*.

In der Natur entspricht Vata dem Wind.

Was macht Vata in unserem Organismus?

Vata ermöglicht den Austausch der Zellen untereinander. Vata gibt Informationen in Form von Nervenimpulsen weiter. Vata nimmt Eindrücke aus der Umwelt auf und gibt sie als Ausdruck unserer Persönlichkeit wieder von sich. Vata ist die Bewegung unserer Kreisläufe: des Blutes, des Sauerstoffs, der Lymphe. Vata ist Transport, es bewegt Nahrung und Nährstoffe durch unseren Körper und scheidet Abfallstoffe aus. Vata bewegt unsere Gliedmaßen. Vata lässt unser Herz schlagen.

Vata ist Atmung und ist Prana – unser Lebensatem. Vata wirkt im ganzen Körper, aber sein Hauptsitz ist der Dickdarm: Dort werden der Nahrung Wasser und Nährstoffe entzogen – und Prana – unsere Lebensenergie.

Vata ist das Erste der drei Doshas und erweckt die beiden anderen zum Leben.

Pitta – das Prinzip der Umwandlung

Pitta transformiert. Wo Pitta wirkt, entstehen Hitze, Licht und Farbe.

Pitta besteht aus *Feuer* und ein bisschen *Wasser*.

In der Natur entspricht Pitta der Sonne.

Was macht Pitta in unserem Organismus?

Pitta dominiert die Stoffwechselprozesse im Körper. Den kleinen Stoffwechsel jeder einzelnen Zelle ebenso wie die chemischen Umwandlungen im Verdauungstrakt. Pitta sind Enzyme und Hormone.

Pitta ist verantwortlich für Hunger und Durst. Pitta wandelt als Intellekt die Sinneseindrücke, die Vata aufgenommen hat, in Erkenntnis um. Pitta färbt unser Blut rot. Pitta regelt die innere und äußere Temperatur unseres Körpers. Pitta bestimmt Farbe und Glanz unserer Haut und unserer Augen.

Pitta ermöglicht Sehen. Pitta wirkt im ganzen Körper, aber seine Hauptsitze sind Magen und Dünndarm. Hier wandeln Pitta und Agni, unser Verdauungsfeuer, die Nahrung um – zu etwas, das unser Körper, das wir selbst sind.

Pitta schenkt den beiden anderen Doshas Wärme und gibt der ungerichteten Bewegung Vatas ein Ziel.

Kapha – das Prinzip des Aufbaus

Kapha ist Materie. Kapha gibt Struktur und Schutz. Kapha ist Verbindung aller Zellen miteinander. Kapha besteht aus *Wasser und Erde.*

In der Natur entspricht Kapha dem abkühlenden und Wasser anziehenden Prinzip des Mondes.

Was macht Kapha in unserem Organismus?

Kapha ist der aufbauende Stoffwechsel, es ist Zelle und Zellflüssigkeit. Kapha ist die Feuchtigkeit in unserem Körper. Kapha überzieht als Schutzschicht unsere Schleimhäute, als Gelenkschmiere schützt es unsere Knochenverbindungen. Kapha schützt als Flüssigkeit Gehirn und Nerven. Kapha ist Speichel und ermöglicht die Wahrnehmung des Geschmacks auf der Zunge. Kapha ist die Beständigkeit, die unsere Organe so viele Jahre verlässlich arbeiten lässt. Kapha ist verantwortlich für Schlaf und Langzeitgedächtnis. Kapha gibt uns Stärke und Widerstandskraft und ein stabiles Immunsystem. Kapha wirkt im ganzen Körper, aber seine Hauptsitze sind Lunge und Magen. Hier bedürfen wir der Feuchtigkeit von Kapha, um die Lunge vor der Austrocknung durch die Luft und den Magen vor dem Feuer der Verdauung zu bewahren.

Kapha schützt uns vor dem Übermaß der beiden anderen Doshas.

➥ **ÜBUNG:** Versuchen Sie, den Funktionen der drei Doshas in Ihrem Körper nachzuspüren. Setzen oder legen Sie sich entspannt hin.

VATA. Fühlen Sie die Bewegungen in Ihrem Körper, die auch vorhanden sind, wenn Sie das Gefühl haben, »nichts« zu tun. Ihren Atem, der ein- und ausströmt. Ihr Herz, das pulsiert. Ihre Nervenimpulse, die Sie als Tastsinn wahrnehmen, der Sie Ihren Körper spüren lässt und die Unterlage, auf der Sie liegen. Die Bewegung Ihrer Gedanken. Die Bewegung Ihrer Augäpfel, die selbst dann vorhanden ist, wenn Sie schlafen. Spüren Sie Bewegungen in der Speiseröhre beim Schlucken, im Magen, im Darm?

Stellen Sie sich die Bewegungen Ihres Blutkreislaufs vor, die Ihren Körper versorgen bis an die Peripherie. Bewegen Sie sacht Kopf, Arme, Zehen ...

Alles das ist Vata.

PITTA. Pitta ist schwieriger zu »spüren«. Um es wahrzunehmen, brauchen Sie Ihre Vorstellungskraft. Und Pitta ist diese Vorstellungskraft, ist die Fähigkeit, Gesehenes und Erfahrenes umzuwandeln in die eigenen Bilder und Gedanken..

Denken Sie an die Wärme in Ihrem Körper. Unser Organismus benötigt eine konstante Innentemperatur, um am Leben zu bleiben. Spüren Sie die Temperaturunterschiede auf Ihrer Haut.

Denken Sie an die rote Farbe Ihres Blutes, seine Wärme, seine Kraft. An die Kraft der Umwandlung, die nötig ist, um aus der Nahrung, die Sie zu sich nehmen und aus der Atemluft Materie herzustellen: Zellen, Blut, Lymphe, Muskeln, Knochen, Organe ...

»Sehen« Sie Ihre Kraft des Sehens – Ihre Möglichkeiten zu »erkennen«. Sowohl den Raum, der Sie tatsächlich umgibt, als auch den Raum als Idee – als grundlegendes Element dieses Universums.

Alles das ist Pitta.

KAPHA. Spüren Sie die Materie. Spüren Sie Ihren Körper, der ruhig liegt oder sitzt.

Der Platz einnimmt, der wichtig und gewichtig ist. Ihren Körper, über den Sie sich und über den die anderen Sie in dieser Welt am meisten wahrnehmen. Über den Sie sich zu einem großen Teil identifizieren. Wie sieht sie aus und wie fühlt sie sich an – Ihre körperliche Materie? Ihre Muskeln, Ihr Kopf, Ihre Gliedmaßen ...

Wie nehmen Sie Ihre inneren Organe wahr? Ihr Herz, das unermüdlich für Sie schlägt. Ihren Magen, Ihren Darm, Leber, Milz, Lunge ... alles arbeitet ständig nur für Sie. Nehmen Sie Kapha als Schutz und Feuchtigkeit wahr. Kapha, das die Organe auskleidet, die Gelenke schützt ...

Alles das ist Kapha.

Die Eigenschaften der fünf Elemente

RAUM	LUFT	FEUER	WASSER	ERDE
fein	kalt	heiß	kalt	kalt
klar	beweglich	beweglich	beweglich	unbeweglich
durchdringend	leicht	leicht	ölig	schwer
	rau	scharf	glatt	dicht
			weich	langsam

Daraus ergeben sich die Eigenschaften der drei Doshas

VATA	PITTA	KAPHA
(bestehend aus Raum & Luft)	(bestehend aus Feuer & Wasser)	(bestehend aus Wasser & Erde)
kalt	heiß	kalt (weniger als Vata)
leicht	scharf	schwer
beweglich	ölig	fest
rau	leicht (weniger als Vata)	ölig
fein	beweglich (weniger als Vata)	schleimig
trocken		unbeweglich

Mit diesen paar Eigenschaften wissen Sie nun schon sehr viel. Treten diese Eigenschaften in ihrem Körper auf, machen Sie das Vorherrschen des Doshas dort, wo diese Eigenschaft auftritt, deutlich.

Zum Beispiel: Wenn Sie leicht frieren, deutet dies auf ein Übermaß von Vata hin, schwitzen Sie leicht, auf einen Pitta-Überschuss. Haben Sie einen schweren, festen Körperbau, werden Skelett und Muskulatur von Kapha dominiert. Wenn mehrere Merkmale eines Dosha-Überschusses auftreten, weist dies auf Ihren Konstitutionstypus hin.

Die Konstitutionstypen des Menschen

Jeder Mensch kommt mit einem individuellen Verhältnis der drei Doshas zur Welt. Dies ist unsere »Prakrti«, unsere Natur, unser Konstitutionstyp. Je nachdem, ob Vata, Pitta oder Kapha vorherrschen, werden unser Erscheinungsbild, unsere Anlagen, Begabungen, unsere Neigungen und unsere Anfälligkeit für Krankheiten bestimmt. Die meisten Menschen gehören in die Gruppe der so genannten Mischtypen, werden also von zwei Doshas dominiert. Sie sind Vata-Pitta-, Pitta-Kapha- oder

Kapha-Vata-Typ etc. Es gibt aber auch sowohl die Dominanz eines Doshas – also den Vata-, Pitta- oder Kapha-Typ als auch – allerdings selten – den Drei-Dosha-Typ, bei dem alle drei Doshas in gleichem Maß vorhanden sind.

Unsere individuelle Prakrti (= unsere angeborene Konstitution) ist unveränderbar. Das bedeutet, dass wir angeborene Anlagen sehr wohl weiterentwickeln und beeinflussen können, dass aber das Grundverhältnis der drei Doshas in uns immer dasselbe bleibt. Wenn wir nun versuchen, die einzelnen Konstitutions-Typen in sehr vereinfachten Bildern zu beschreiben, vergessen Sie bitte niemals, dass wir immer die Summe aus allen dreien sind und dass diese Typisierungen nur Modelle sein sollen, die die eigene Beobachtung schärfen und Tendenzen eines Zustandes erkennen lassen sollen.

Eigenschaften des Vata-Typs

Vorherrschende Eigenschaften: wechselhaft, beweglich, kalt

Körperbau: schlank, überdurchschnittlich groß (seltener auch klein), lange, feine Glieder, geringe Muskelmasse, markante Gesichtszüge, bräunlicher Teint, feines und trockenes, oft gekräuseltes Haar, Venen deutlich sichtbar, schwaches Bindegewebe, unregelmäßige Zähne

Psyche: kreativ, kommunikativ, freiheitsliebend, begeisterungsfähig, rasche Auffassungsgabe, musisch, oberflächlich, geringes Selbstbewusstsein, wenig Durchhaltevermögen, rasches und leises Sprechen

Tendenz zu folgenden Beschwerden: schwache Verdauung (Verstopfung), Blähungen, spröde Haut und Nägel, schmerzhafte Zustände (z. B. Kopfschmerzen, Migräne, Nervenschmerzen,

Verspannungen), knackende und schmerzende Gelenke, Schlaflosigkeit, Stottern, Unruhe und Nervosität, schlechte Durchblutung (kalte Hände und Füße), Kältegefühle

In den klassischen Schriften werden dem Vata-Dosha 80 Krankheiten zugeschrieben.

Menschen mit Vata-Dominanz werden zwar rasch krank, aber meist auch rasch wieder gesund.

Eigenschaften des Pitta-Typs

Vorherrschende Eigenschaften: heiß, ölig, riechend

Körperbau: Größe und Muskulatur durchschnittlich, rötlicher und empfindlicher Teint, helles blondes oder rötliches Haar, feine und warme Hautoberfläche, starkes Verdauungssystem

Psyche: intellektuell und logisch, liebt Herausforderungen, starke Willenskraft, temperamentvoll, »Augenmensch«, Neigung zu Aggressivität, kann schwer loslassen, ausdrucksstarke und pointierte Sprache

Tendenz zu folgenden Beschwerden: starkes Schwitzen mit saurem Körpergeruch, Durchfall, Sonnenbrand, Entzündungen, Hautprobleme, Bluthochdruck, Übersäuerung und Sodbrennen, Haarausfall und frühes Ergrauen

In den klassischen Schriften werden dem Pitta-Dosha 40 Krankheiten zugeschrieben.

Eigenschaften des Kapha-Typs

Vorherrschende Eigenschaften: schwer, kühl, unbeweglich

Körperbau: massiver Körperbau mit starken Gelenken, ausgeprägte Gesichtszüge, kräftiges und dichtes Haar, geschmeidige, gut gefettete Haut, gute Schmierung der Gelenke, langsame Verdauung

Psyche: gutes Durchhaltevermögen, ruhige und gelassene Ausstrahlung, Genussmensch, treu, besitzverhaftet, langsames Lernen

Tendenz zu folgenden Beschwerden: Depressive Verstimmungen, Trägheit, Müdigkeit, Verkühlungen mit starker Schleimbildung, Völlegefühl, Übergewicht, fette Haut

In den klassischen Schriften werden dem Kapha-Dosha 20 Krankheiten zugeschrieben.

Haben sich diese Krankheiten jedoch in der Kapha-Konstitution festgesetzt, können sie sich als langwierig bis chronisch erweisen.

➡ **ÜBUNG:** Beobachten Sie über mindestens vier Wochen den Einfluss Ihrer Ernährung auf die drei Doshas.

Die drei übergeordneten Gunas

Sattwa, Rajas und Tamas sind Begriffe aus der Samkhya-Philosophie. Diese Lehre hat wesentlichen Einfluss auf die Grundlagen des Ayurveda und erklärt die Entstehung der Welt aus zwei Prinzipien, aus Purusha, dem universellen Geistesprinzip, das unvergänglich, unbewegt und körperlos ist, und Prakrti, dem Prinzip der Materie, der unmanifestierten, unbewussten Natur. Sie genauer erklären zu wollen, würde den Rahmen dieses Buches sprengen. Vor allem auch deshalb, weil die Deutungsmöglichkeiten sehr weitläufig sind.

Nachdem sie in der ayurvedischen Literatur jedoch häufig vorkommen, seien sie – in sehr vereinfachter Form – auch hier kurz angeführt.

- **Sattwa** ist das helle und klare Prinzip, das nach Bewusstsein und Wissen strebt, es ist die kosmische Intelligenz und der Ursprung der Bewusstheit.

- **Rajas** ist das Prinzip der Aktivität und Veränderung, der Bewegung und Geschwindigkeit.

  Diese Kraft verbindet Sattwa und Tamas und ist »die Energie selbst«.

- **Tamas** ist das Prinzip der Trägheit, der Dunkelheit und des Widerstandes gegen Sattwa und Rajas.

  Es gibt die Möglichkeit der Manifestation und die Fähigkeit durchzuhalten. Es ist die Ressource der Materie, aus der wir schöpfen können.

Was haben diese drei Begriffe nun eigentlich mit unserer Ernährung zu tun?

Die Auswahl der Nahrungsmittel beeinflusst unser geistiges und seelisches Wohlbefinden.

Besonders im Fall von Krankheiten unterstützt sattwische Nahrung den Genesungsprozess von Körper und Psyche. Auch die Zubereitung der Nahrungsmittel wird von Sattwa, Rajas und Tamas begleitet:

Mit Sattwa beginnt die Idee der Speisenfolge, die Überlegung, wer eingeladen wird, wie man den Tisch deckt und welche Vorbereitungen zu treffen sind.

Mit Rajas kommt Energie in Gang. Das Kochen selbst (die Veränderung der Lebensmittel) und das Decken des Tisches wird durch Rajas initiiert.

Tamas gibt uns die Stabilität, unser Vorhaben zu Ende zu führen und das Essen zu genießen.

Sattwische Nahrungsmittel

Sattwische Nahrungsmittel haben auf alle drei Doshas einen guten Einfluss: Sie beruhigen die Unruhe in Vata und Pitta, und sie fördern Leichtigkeit und Flexibilität in Kapha (wenn Menge und Auswahl stimmen). Ihre Geschmacksrichtung ist vorwiegend süß (diese Geschmacksrichtung wirkt aufbauend und verjüngend), sie sind mild, ausgewogen, gut verdaulich und verträglich. Frisches, vollwertiges und biologisches Getreide, Gemüse, Obst und Nüsse sind die Grundlagen. Als besonders sattwisch gelten frische Datteln und frische Milch, Mandeln, reife Früchte, Ghee und Honig.

Rajasische Nahrungsmittel

Rajasische Nahrungsmittel wirken anregend und beschleunigend. Im Überfluss genossen, können sie unruhig und aggressiv machen. Wenn wir sie allerdings im richtigen Maß zu uns nehmen, können wir ihre Eigenschaften nutzen. Einst wurde die Aggression der Krieger durch rajasische Nahrung unterstützt. Als rajasisch gelten Essig, Tofu, Knoblauch, reifer Käse, Tomaten, Pfeffer und Chili.

Tamasische Nahrungsmittel

Tamasische Nahrungsmittel machen in großer Menge müde, schwer und träge. Eine kleine Auswahl davon kann zum richtigen Zeitpunkt aber auch erdend sein. Zu ihnen gehören Fleisch, Pilze, Schokolade und Alkohol.

Aber auch lange warm gehaltenes, wiederholt aufgewärmtes, verdorbenes Essen gilt als tamasisch und sollte gemieden werden.

Die sechs Geschmacksrichtungen

Rasa ist das Sanskritwort für Geschmack und steht für die erste Empfindung, wenn wir mit einer Substanz in Berührung kommen.

Durch unsere Zunge und unseren Geschmackssinn können wir – laut Ayurveda – sechs Geschmacksrichtungen unterscheiden: süß, sauer, salzig, scharf, bitter und herb (zusammenziehend). Aus Sicht des Ayurveda muss eine ausgewogene Ernährung bei jeder Mahlzeit alle sechs Rasas einschließen. Dabei ist es nicht wünschenswert, eine Mahlzeit mit einem Rasa zu überladen oder jeden Tag den gleichen Rasas den Vorzug zu geben.

Was sind nun die Wirkungen dieser Geschmacksrichtungen auf unseren Körper? Erinnern wir uns an die fünf Elemente und die Eigenschaften.

1. Süß (neutral)

Der »süße« Geschmack – besser noch als »neutral« bezeichnet – dominiert unsere Hauptnahrungsmittel von Getreide über Fett bis zu Fleisch. Süß baut unseren Körper auf und gibt ihm Feuchtigkeit. Damit süß gut verdaut wird, brauchen wir die anderen fünf Geschmacksrichtungen, die – mit den Eigenschaften heiß, trocken und leicht – süß ausgleichen helfen und unsere Verdauung unterstützen.

2. Sauer

Sauer regt unser Verdauungsfeuer (Agni) an. Gleichzeitig nährt es, hilft beim Aufbau der Körpersubstanz, stärkt unsere Widerstandskraft, stillt den Durst und befeuchtet. Essig, Joghurt (besonders Magerjoghurt), alle vergorenen Produkte, Alkohol und unreife Früchte gelten als sauer.

3. Salzig

Salzig wirkt befeuchtend, macht das Gewebe weich (hält Wasser im Körper zurück) und bringt in Fluss. Es regt Appetit und Verdauung an und verstärkt alle anderen Geschmacksrichtungen.

4. Scharf

Scharf regt Agni, das Verdauungsfeuer an, wirkt reinigend und durchblutungsfördernd. Wir begegnen dem scharfen Geschmack vor allem in Form von Gewürzen (bzw. ätherischen Ölen).

5. Bitter

Bitter ist der Geschmack, der alle anderen dominiert. Er wirkt verdauungsfördernd, festigt Haut und Gewebe, reduziert Giftstoffe und Feuchtigkeit. Vor allem Salate (Endivie und Radicchio), Chicoree und Artischocken liefern den bitteren Geschmack.

6. Herb

Herb wirkt zusammenziehend, beruhigt und verdichtet das Gewebe. Herb ist Bestandteil der meisten Gemüsesorten, von Getreide und Hülsenfrüchten.

Mit dem Wissen um diese sechs Geschmacksrichtungen lernen Sie rasch, kleine Disharmonien Ihrer Doshas durch die richtige Auswahl und Zubereitung Ihrer Mahlzeiten auszugleichen.

Dafür das Wichtigste auf einen Blick:

Geschmack (Rasa)	Besteht aus den Elementen:	Hat diese Eigenschaften:	vermindert	verstärkt
süß (neutral)	Wasser & Erde	schwer, befeuchtend, kalt	Pitta Vata	Kapha
sauer	Feuer & Erde	heiß, leicht, befeuchtend	Vata	Pitta Kapha
salzig	Wasser & Feuer	schwer, befeuchtend, warm	Vata	Pitta Kapha
scharf	Feuer & Luft	heiß, leicht, trocken	Kapha	Pitta Vata
bitter	Luft & Äther	kalt, leicht, trocken	Pitta Kapha	Vata
herb (zusammenziehend)	Luft & Erde	kühl, trocken, schwer	Pitta Kapha	Vata

Mit einer kleinen Übung gelingt es Ihnen, die sechs Geschmacksrichtungen in ihrer puren Form wahrzunehmen. Es empfiehlt sich, zwischen den Proben jeweils ein paar Stunden vergehen zu lassen.

Süß: Kauen Sie ein paar Haferflocken, bis Sie den süßen Geschmack wahrnehmen können.

Sauer: Nehmen Sie ein paar Tropfen Zitronensaft oder Apfelessig auf die Zunge.

Salzig: Kosten Sie ein paar pure Salzkristalle.

Scharf: Versuchen Sie es mit einer kleinen Prise Cayenne oder schwarzem Pfeffer.

Bitter: Nun müssen Sie auf Kräuter zurückgreifen: Nehmen Sie ein kleines Blättchen Tausendguldenkraut, Enzian, Wermut oder Beifuß in den Mund und kauen es.

Herb: Lassen Sie schwarzen Tee 10–15 Minuten ziehen und kosten Sie dann ein wenig davon.

Agni – das Prinzip des Stoffwechsels

In den klassischen Schriften des Caraka heißt es:

»Agni ist verantwortlich für den ganzen Lebensprozess, für das Aussehen, die Hautfarbe, für die Stärke, Tatkraft, Energie, Gesundheit, für den Aufbau von Gewebe, für Ojas, für die Körpertemperatur und für den Lebensatem.«

»Agni« heißt übersetzt brennen, umwandeln, wahrnehmen. Es ist das Symbol für das »Feuer des Lebens« – wenn diese Flamme verlischt, sterben wir. Agni ist das Feuer des Stoffwechsels, das die Nahrung in menschliche Substanz umwandelt. Wenn Agni richtig brennt, bleiben wir gesund und erfreuen uns einer glücklichen Ausstrahlung. Wenn Agni zu schwach ist, entstehen Stoffwechselschlacken (Ama), die den Organismus belasten, anfangs zu Unausgewogenheiten (Müdigkeit, Verstopfung, Blähungen) und später zu Krankheiten führen können.

Wie bei allen körperlichen Vorgängen, spielen auch im Zusammenhang mit Agni die drei Energien Vata, Pitta und Kapha eine wichtige Rolle.

Zuerst werden über Vata und Pitta die Geschmacks- und Geruchsrezeptoren aktiviert. Duft und Aroma beeinflussen auf dem Weg über das Gehirn, welche und wie viele Verdauungssäfte von Magen und Dünndarm freigesetzt werden.

Kapha und Vata sorgen dann dafür, dass die Nahrung in der Mundhöhle und im Magen zerkleinert wird. Je feiner, desto besser. Hier werden die Elemente Erde und Wasser aus der Nahrung gelöst (Aufspaltung der Kohlenhydrate), der süße Geschmack herrscht vor.

Pitta ist vergleichbar mit den Verdauungsenzymen in Magen und Dünndarm und anderen Organen in diesem Bereich. Pitta wandelt die Nahrung um und bereitet sie für die Aufnahme in den Körper vor. Fette werden aufgespalten, Kohlenhydrate umgewandelt und in der Leber gespeichert. Das Element Feuer wird aus der Nahrung gelöst, der saure Geschmack herrscht vor.

Durch die Energie Vata wird im Dickdarm die Lebenskraft »Prana« aus der Nahrung aufgenommen. Wasser wird entzogen, Kalzium und andere Mineralien gelangen in die Gewebe. Die Elemente Raum und Luft werden aus der Nahrung gelöst. Es herrscht der scharfe Geschmack (austrocknend) vor. Vata gibt schließlich den Impuls für die Ausscheidung.

Wie das Feuer im Kamin will auch unser inneres Feuer richtig behandelt werden, wenn es regelmäßig und wirksam brennen soll.

- Wir brauchen gutes Brennmaterial: sorgfältig ausgewählte Nahrungsmittel.
- Wir brauchen das richtige Maß an Wind und Raum (Vata), damit die Nahrung Platz hat und sich bewegen kann. Nur zwei Drittel des Magens sollen bei einer Mahlzeit mit Nahrung gefüllt werden.
- Wir brauchen ausgewogene Hitze (Pitta), um die Nahrungsmittel verbrennen zu können. Unterstützen können wir diese Hitze, indem wir die Nahrung dem Konstitutionstyp entsprechend zubereiten und würzen.
- Wir brauchen Schutz und Feuchtigkeit der Schleimhaut (Kapha), damit die Nährstoffe lange genug im Körper bleiben, um resorbiert zu werden.

In der klassischen ayurvedischen Literatur heißt es:

Zu starker Wind - VATA - bläst das Feuer aus.

Zu viel Feuchtigkeit - KAPHA - löscht die Glut.

Zu viel Hitze - PITTA - verbrennt zu schnell.

Durch das Übermaß eines Doshas kann es in der Verdauung zu Störungen kommen, die sich jeweils in spezifischen Symptomen äußern:

Zu viel Vata ist spürbar durch wechselhaften Appetit, Durst, Blähungen, harten Bauch, Verstopfung.

Zu viel Pitta zeigt sich als Heißhunger, Aufstoßen und Sodbrennen, Hitzegefühle, Rötungen und vermehrte Durchblutung. Der Stuhl ist weich.

Zu viel Kapha merkt man an unangenehmem Völlegefühl, Appetitlosigkeit und trägem Stoffwechsel. Der Stuhl ist schleimig.

Um diese Störungen zu vermeiden, können wir Agni durch frisch zubereitetes, sorgfältig ausgewähltes und richtig gewürztes Essen in angenehmer Umgebung stärken. Wir sollten bedenken, dass der Kochvorgang bereits als Teil der Verdauung angesehen werden kann. Stimuliert wird Agni vor allem durch Gewürze, die ähnliche Eigenschaften wie das Verdauungsfeuer selbst aufweisen: heiß, trocken, leicht, beweglich, duftend - also Ingwer, Kardamom, Pfeffer, Zimt und viele andere.

Den ausgewogenen Zustand Agnis erkennt man an einer reinen Zunge, gutem Appetit, regelmäßigem Stuhlgang, dem Fehlen von Mundgeruch und einer feinen Wahrnehmung von Geschmack und Geruch.

Aus der Arbeit Agnis entsteht eine feine, nährende Substanz, die »Aharasa« genannt wird und aus der im weiteren Prozess die sieben Gewebe des Körpers (Lymphe, Blut, Muskeln, Fett, Knochen, Nerven, Fortpflanzungsgewebe) aufgebaut werden. Ihre Essenz heißt »Ojas«, das oft mit »Immunsystem« übersetzt wird, sie hat aber – wie die meisten Ayurveda-Begriffe – eine viel weitreichendere Bedeutung. Alles ayurvedische Wissen zielt darauf, Ojas zu erzeugen und aufrechtzuerhalten. Ojas ist Vitalität und strahlendes Wohlbefinden, es hält uns gesund und glücklich und verschafft uns einen klaren Geist. Jede hastige, unbedachte Handlung vermindert Ojas, jede bewusste und achtsame Handlung vermehrt es. Achten wir also sorgfältig auf die »acht Tropfen Ojas, die jede und jeder von uns im Herzen trägt«.

Massage und Körperpflege im Ayurveda

»Abhyanga«, die Ganzkörpermassage mit pflanzlichen Ölen, ist neben ausgewogener Ernährung und ausreichender Bewegung die wichtigste und einfachste Art, Agni zu stärken. Sie regt sanft die Durchblutung an, verbessert den Zellstoffwechsel, macht die Haut seidig und glatt und bringt Ojas zum Leuchten.

In vielen Familien Indiens werden Babys von den ersten Lebenstagen an regelmäßig massiert, damit sie gesund aufwachsen. Würden wir diese Tradition übernehmen, gäbe es wohl einige Erkältungen und Unverträglichkeiten weniger. Aber nicht nur für Kinder, sondern auch für Erwachsene ist die Massage ein Mittel zur Regeneration und zur Harmonisierung der Doshas. Die angenehme körperliche Berührung vom Scheitel des Kopfes bis zur kleinsten Zehe – auch in Form der Selbstmassage – sollte Eingang in unseren Alltag finden.

Für Menschen mit Vata-Konstitution bedeutet eine gleitende, warme und sehr ölige Massage die Beruhigung von

Nervensystem und Kreislauf, ihre trockene Haut wird geschmeidig und elastisch, schmerzende Verspannungen lösen sich allmählich, und die Bewegungen der Gelenke laufen wie »geschmiert«.

Der Pitta-Konstitution hilft sanfte Massage mit kühlenden Substanzen beim »Loslassen« ihrer beruflichen Anspannungen, sie tonisiert und entspannt die vom Sport verhärtete Muskulatur und macht die sensible Haut widerstandsfähig. Beruhigend auf Pitta wirkt auch Rosenwasser - nicht nur als Gesichtswasser, sondern durch das Befeuchten des ganzen Körpers.

Kapha-Typen werden durch kräftige Massage mit wärmenden und entschlackenden Ölen angeregt, das Immunsystem wird gestärkt und die Ausscheidung von Giftstoffen aus dem Körper gefördert. Wenn die Haut fettig ist, werden die Öle unter der Dusche mit Kichererbsenmehl entfernt.

Ergänzungen zum Abhyanga sind trockene oder nasse Massagen mit Kräuter- und Gewürzpeelings, deren Basis aus verschiedenen Heilerden besteht sowie die Massage mit Seidenhandschuhen (Garshan-Massage), die auf sanfteste Art die trockenen Hautschüppchen entfernt und die Haut weich und aufnahmefähig für Wirkstoffe macht.

Massage und Kosmetik sind die Ernährung des Körpers von außen, deshalb sind sie genauso wichtig wie die Maxime, bei der Auswahl der Lebensmittel auf beste Qualität Wert zu legen. Im klassischen Ayurveda wird für die Massage vor allem Sesamöl verwendet, aber auch Ghee oder Kokosöl (Kokosöl wirkt kühlend und wird speziell bei Pitta-Beschwerden und zur Kopfmassage eingesetzt). Für therapeutische Anwendungen werden Heilkräuter stundenlang in Pflanzenöl gekocht.

In der Kräuterdrogerie haben wir biologische kalt gepresste Öle mit feinen ätherischen Ölen zusammengestellt, die die einzelnen Doshas ausgleichen. Auch unsere Gesichts-Kosmetik besteht aus biologischen Wirkstoffen und ist nach ayurvedischen Kriterien abgestimmt.

Die Reinigung des Gesichts soll sanft sein und die Haut nicht austrocknen, ein mildes Gesichtswasser tonisiert den Teint. Die Creme für Vata ist besonders reich an Fett, schützt und hält geschmeidig, die Pitta-Creme enthält heilsame und beruhigende Substanzen in kleinsten Mengen, damit die empfindliche Haut nicht gereizt wird, die Kapha-Pflege fördert die Durchblutung der Haut. Natürlich wird – wie bei allen Maßnahmen einer ayurvedischen Behandlung – nicht nur von der Grundkonstitution ausgegangen, sondern auch nach anderen spürbaren Bedürfnissen. So soll die Vata-Pflege in unserer Klimazone im Winter tagsüber vermehrt Schutz geben, Pitta-Creme und Gesichtswasser die Haut im Sommer nach dem Sonnenbrand beruhigen.

Die richtige Auswahl und Zubereitung von Lebensmitteln

Die folgende Einteilung der Lebensmittel und ihre Wirkung auf die drei Konstitutionstypen Vata, Pitta und Kapha soll für Sie ein Hilfsmittel sein, Ihre Ernährung allmählich nach Ihren Bedürfnissen auszuwählen. Wenn Sie sich wohl und gesund fühlen, können Sie aus allen drei Lebensmittelgruppen wählen. Wenn Sie jedoch Beschwerden oder Disharmonien spüren, horchen Sie in sich hinein, beobachten Sie, welche Energien überwiegen, welche Sie fördern und welche Sie dämpfen sollten. Und bedenken Sie auch immer, welche Rolle die drei Doshas im jahreszeitlichen Rhythmus spielen.

Ashtavidaaharanayama oder was Sie beim Essen beachten sollten

Prakrti: die Natur der Nahrung, die sich in ihrem Geschmack und ihren Eigenschaften ausdrückt

Karana: die achtsame Zubereitung der Nahrung

Sanyoga: die richtige Kombination der Nahrungsmittel und Gewürze

Upayoga: der Zustand des eigenen Körpers und der Psyche

Upayogasantha: das Eingehen auf die Bedürfnisse unseres Körpers

Rashi: die Menge

Kala: Zeitpunkt und Dauer des Essens

Desha: die Herkunft eines Lebensmittels

Die richtige Ernährung für den Vata-Typ

Erinnern wir noch einmal an die Eigenschaften, die Vata prägen: kalt, leicht, rau, trocken, wechselhaft, beweglich. Anhand dieser Qualitäten ist es einfach, auf Richtlinien für die Ernährung zu schließen, die ja nichts anderes tun soll, als diese Eigenschaften auszugleichen. Wissen Sie noch, welche Geschmacksrichtungen einem vom Vata dominierten Menschen besonders gut tun? Sauer und salzig (um das Verdauungsfeuer anzuregen) und süß (um Gewebe aufzubauen und um zu stabilisieren).

Bei erhöhtem Vata sollten die Mahlzeiten warm, befeuchtend, nährstoffreich, beruhigend, erdend und ölig sein. Sie sollten mild gewürzt werden, leicht gesalzen und gesäuert, um die Verdauung anzuregen. Besonders geeignet sind Eintöpfe, Suppen, Aufläufe (oft ist ein Speisegang pro Mahlzeit genug). Das Essen sollte mit ausreichend Fett zubereitet werden. Sorgen Sie während des Essens für eine entspannte Atmosphäre, vermeiden Sie Ablenkungen (z. B. Fernsehen), Fastfood und »Fressorgien«.

Vata vermehrend sind das Alter, der Herbst und der frühe Winter, der Nachmittag (ca. 14 bis 18 Uhr), Reisen, laute Geräusche, Lärm, Kälte, Wind. In diesen Situationen sollte man besonders auf Vata reduzierende Ernährung achten.

Empfehlungen für die tägliche Ernährung:

- ein nahrhaftes, leicht verdauliches Frühstück (Brei)
- eine leichte Zwischenmahlzeit
- Mittagessen (zwischen 10 und 14 Uhr)
- eine kleine Zwischenmahlzeit zwischen 15 und 16 Uhr, damit der Energiespiegel nicht abfällt
- das Abendbrot möglichst vor 18 Uhr und leichter als das Mittagessen

- spätestens zwei Stunden vor dem Schlafengehen nichts mehr essen
- ausreichendes Trinken warmer Flüssigkeit den ganzen Tag über

Typische Vata-Speisen

Für den Vata dominierten Konstitutionstyp eignen sich vor allem folgende Nahrungsmittel:

▪ **Getreide:** Reis (v. a. weißer Basmati), Süßreis, Hafer, Weizen, Dinkel, Nudeln und Flocken.

▪ **Backwaren:** Brot sollte nur in Maßen gegessen werden und vor dem Verzehr ein bis zwei Tage liegen bleiben. Hefegebäck sollte gemieden werden.

▪ **Gemüse:** Kürbis, rote Rüben, Möhren, grüne Bohnen, Okra, Zucchini, Spargel, Pastinaken, Avocados, milder, weißer Rettich, Süßkartoffel; Zwiebel, Lauch und Knoblauch gekocht; in kleinen Mengen eignen sich auch Kartoffeln, Blumenkohl, Wirsing, Rosenkohl, Erbsen, Spinat, Mangold, Sellerie, Kopfsalat und Tomaten.

▪ **Hülsenfrüchte:** rote Linsen, Mungbohnen, Spalterbsen, Linsen; Tofu und andere Sojaprodukte (auch Getränke).

▪ **Obst:** Zwetschgen, Beeren, Melonen, Aprikosen, Datteln, Orangen, Kirschen, Ananas, Kokosnüsse, frische Feigen, Trauben, Pfirsiche, Erdbeeren, Datteln, Grapefruits, Zitronen, Limonen (das Obst sollte stets gut ausgereift sein); eingeweichte oder gekochte Trockenfrüchte; rohes Obst am besten außerhalb der Mahlzeiten zu sich nehmen (wenn der obere Verdauungstrakt frei ist).

- **Milchprodukte:** generell alle (besonders, wenn sie nicht homogenisiert sind), vor allem Milch, Ghee, Frischkäse, Butter, Joghurt, Sahne, Lassi.

- **Nüsse und Samen:** alle (in kleinen Mengen), auch als Nussmus.

- **Öle und Fette:** alle Sorten in kleinen Mengen, besonders Ghee und Sesamöl.

- **Süßmittel:** alle Arten von Süßmitteln außer weißer Zucker; Gersten- und Reismalz, Zuckerrohrgranulat, Honig, Ahornsirup, Agavendicksaft.

- **Würzen:** Meersalz, Kräutersalz, Gomasio, Miso, Sojasaucen, süß-saure Pickles und Chutneys, milder Senf und Essig, Zitronen- und Limonensaft, mild wärmende und entblähende Gewürze (Kreuzkümmel, Kardamom, Zimt, Koriander, Fenchel, Anis, Ingwer); extreme Schärfe (trocknet aus und zerstreut die Körperwärme) sollte gemieden werden.

- **Getränke:** milde Kräutertees, Getreidekaffee, Obst- und Gemüsesäfte, Misosuppe, Lassis, Mixgetränke mit Milch und Nussmus.

Die richtige Ernährung für den Pitta-Typ

Pitta wird geprägt von den Eigenschaften heiß, scharf, beweglich, leicht und ölig. Diese Eigenschaften lassen sich in der Ernährung durch die Geschmacksrichtungen süß (gibt dem Verdauungsfeuer Nahrung und wirkt kühlend), bitter (unterstützt Leber und Galle, wirkt kühlend und austrocknend) und herb (wirkt zusammenziehend, dämpft das Feuer und kühlt) ausgleichen.

Bei erhöhtem Pitta sollten die Mahlzeiten kühl, trocken und ausreichend sein, gering gesalzen und mild gewürzt. Meiden Sie zu fette Speisen, denken Sie aber daran, Ihren recht hohen Eiweiß-Bedarf zu decken (vor allem bei körperlicher Betätigung).

Bei vermehrtem Pitta sollten scharfe, heiße und saure Nahrungsmittel, Kaffee und Alkohol unbedingt gemieden werden. Pitta vermehrend sind der Sommer, der Mittag und Mitternacht, intensive Hitze und grelles Licht, hohe Leistungsanforderungen. Achten Sie in diesen Situationen besonders auf Ihr Pitta.

Empfehlungen für die tägliche Ernährung:

- mindestens drei Mahlzeiten
- rechtzeitig den Hunger stillen, damit es nicht zu Reizbarkeit und Magenproblemen kommt
- nicht zu spät am Abend essen
- mäßig trinken (bei körperlicher Betätigung auch mehr)

Typische Pitta-Speisen

Für den Pitta dominierten Konstitutionstyp eignen sich vor allem folgende Nahrungsmittel:

▪ **Getreide:** weißer Reis (besonders Basmati), Gerste, Hafer, Weizen, Quinoa.

▪ **Gemüse:** grüne Blattsalate, Chicorée, Blumenkohl, Brokkoli, Rosenkohl, grüne Bohnen, Erbsen, Gurken, Kürbis, Zucchini, Kartoffeln, Wirsing, Kohl, Gemüsepaprika, Petersilie, Pilze, Sellerie, Spargel, gegarte Zwiebel. Bei starker Pitta-Dominanz sollten vor allem Tomaten, scharfes Gemüse und Spinat gemieden werden.

▪ **Hülsenfrüchte:** Mit Ausnahme schwarzer Linsen sind alle Hülsenfrüchte hervorragend für Pitta geeignet.

- **Obst:** Äpfel, Aprikosen, Zwetschgen, Beeren, Birnen, Datteln, Feigen, Mangos, Melonen, Kokosnüsse, Ananas, Orangen, Weintrauben, Trockenfrüchte; für Pitta ist es besonders wichtig, dass die Früchte süß sind.

- **Milchprodukte:** Hüttenkäse, Kuh- und Ziegenmilch, milder Joghurt. Milchprodukte wirken – mit Ausnahme harter, sehr lange gereifter und würziger Käsesorten – nährend und kühlend auf das Pitta-Dosha.

- **Nüsse und Samen:** Sonnenblumenkerne, hin und wieder Kürbiskerne (alle anderen Sorten sind zu heiß und zu ölig).

- **Öle und Fette:** Ghee, Butter, Olivenöl, Sonnenblumenöl, Walnussöl.

- **Süßmittel:** Zuckerrohrgranulat, Agavendicksaft, Gersten- und Reismalz, Ahornsirup, Birnendicksaft. Pitta-Menschen sollten Honig meiden, zu viel Zucker kann bei ihnen Hautprobleme und Ausschläge hervorrufen.

- **Würzen:** milder alter Apfelessig, Balsamico, Zitronen- und Limonensaft, verdünntes Tamari und Shoyu, milde Gewürze (z. B. Koriander, Safran, Fenchel, Dille, Gelbwurz, Minze, Rosenwasser)

- **Getränke:** kühlende und bittere Kräutertees, Aloe-Vera-Saft, milde Obst- und Gemüsesäfte, Kokosmilch, Reisdrink, grüner Tee, Getreidekaffee, Lassi.

Die richtige Ernährung für den Kapha-Typ

Kapha wird von den Eigenschaften schwer, feucht, kühl, unbeweglich und ölig geprägt. Geschmacksrichtungen, die helfen, überschüssiges Kapha zu reduzieren, sind: scharf (erhitzend, austrocknend), bitter (leicht und Gewebe reduzierend) und herb (trocknend und zusammenziehend).

Bei erhöhtem Kapha sollten Sie leichte, trockene und ballaststoffreiche Lebensmittel auswählen, diese salz- und fettarm zubereiten und ausreichend Gewürze verwenden

Kapha vermehrend sind der späte Winter und das Frühjahr, der Morgen von etwa sechs bis zehn und der Abend von 18 bis 22 Uhr, zu viel Schlaf, Routine und Regelmäßigkeit, zu geringe Anforderungen, wenig körperliche Bewegung.

Empfehlungen für die tägliche Ernährung:

- ein leichtes oder gar kein Frühstück (stattdessen heißen Tee)
- zwei Mahlzeiten, am besten zu Mittag und am frühen Abend
- keine Zwischenmahlzeiten
- spätestens zwei Stunden vor dem Schlafengehen nichts mehr essen und wenig trinken
- bei Übergewicht hin und wieder eine Mahlzeit auslassen

Typische Kapha-Speisen

Für den Kapha dominierten Konstitutionstyp eignen sich vor allem folgende Nahrungsmittel:

▪ **Getreide:** Buchweizen, Mais, Hirse, Quinoa, Roggen, Basmatireis.

▪ **Brot und Gebäck:** drastisch reduzieren, toasten verringert den Feuchtigkeitsanteil und macht Backwaren leichter und wärmer; besonders empfehlenswert: Knäckebrot und Reiswaffeln.

▪ **Gemüse:** Brokkoli, Rosenkohl, Blumenkohl, Kohl, Wirsing, Paprika, Mangold, Spinat, grüne Blattsalate, Chicorée, Kartoffeln, trockener Kürbis, Petersilie, Pilze, Rettich, Zwiebel,

Möhren, rote Rüben, Sellerie, Pastinaken. Nur selten sollten Tomaten und Gurken auf dem Speiseplan stehen.

■ **Hülsenfrüchte:** Adzuki-Bohnen, schwarze Bohnen, rote Linsen, Spalterbsen und Kichererbsen sind hochwertige und fettarme Eiweißquellen für den Kapha-Typ.

■ **Obst:** fördert Kapha durch seine Süße und Feuchtigkeit; in Maßen können Äpfel, Birnen, Beeren, Aprikosen, Kirschen, Preiselbeeren, Pfirsiche, Quitten, Mangos und Granatäpfel sowie Trockenfrüchte gegessen werden.

■ **Milchprodukte:** Lassi, Ziegenmilch, Frischkäse; generell sind Milchprodukte schwer, kühl und schleimig und fördern deshalb Kapha; sie sollten nur in geringer Menge, verdünnt, eventuell gewärmt und stark gewürzt verzehrt werden.

■ **Nüsse und Samen:** hin und wieder Kürbiskerne und Sonnenblumenkerne, am besten ohne Fett geröstet.

■ **Öle und Fette:** Ghee, Olivenöl, Sonnenblumenöl; alle Öle sehr sparsam verwenden und erst nach dem Kochprozess zufügen. Nicht völlig auf Fett verzichten, da sonst Verdauung und Vitaminaufnahme blockiert werden.

■ **Süßmittel:** kalt geschleuderter Honig (Waldhonig hilft bei Erkältungen, Rapshonig unterstützt die Leberfunktion), Birnen- und Apfeldicksaft, insgesamt nicht mehr als zwei Esslöffel täglich.

■ **Würzen:** Salz hält Flüssigkeit im Körper zurück und sollte reduziert werden; bevorzugen Sie Kräutersalz, Gomasio, Sojasauce und Miso. Auch Essig und andere Säuerungsmittel nur in geringer Menge verwenden. Schöpfen Sie dafür bei Gewürzen und Kräutern aus dem Vollen.

- **Getränke:** bittere, herbe und kräftige Kräuter- und Gewürztees, Pflanzensäfte aus Brennnessel, Löwenzahn, Schafgarbe und Rettich; bei Bedarf auch hin und wieder Bohnenkaffee (als kurzer Espresso) oder Schwarztee.

Aus der Praxis der ayurvedischen Gesundheitsberatung Birgit Heyns

Vielleicht erkennen Sie sich in einem der folgenden Beispiele wieder und erhalten auf diese Weise Anregungen für mögliche Verhaltenskorrekturen.

Dorit – kreativ und sensibel

Dorit kommt zu einem Beratungsgespräch, weil sie unter innerer Unruhe, Blähungen und Verstopfung leidet. Außerdem fühlt sie sich mit einigen Kilogramm Übergewicht zu schwer.

Sie trägt weite Pullover, die ihre Figur verhüllen, ihre Sprache und der körperliche Ausdruck sind lebhaft.

Ihre Arbeit als Schauspielerin bringt ein unregelmäßiges Leben mit sich. Ihr wunderbares, kreatives und kommunikatives Vata wird durch diese Unregelmäßigkeit leicht erhöht, was zu einer Störung insbesondere im Bereich des Apana-Vata führt. Apana-Vata, ein so genanntes »Sub-Dosha« sitzt im Unterbauch und umfasst Dickdarm, Blase, die inneren und die äußeren Geschlechtsorgane. Es regelt die Ausscheidung, das Loslassen, die innere Ruhe und die Aufnahme der Lebensenergie Prana aus dem Dickdarm. Dieses Prana stärkt die Nerven und führt zu innerer Balance.

Mein Vorschlag lautet:

Vata-Ernährung in Zeiten besonderer Belastung, um Kraft und Ausdauer zu bekommen.

Um die Verschlackungen und Fettpölsterchen loszuwerden und auch die Übersäuerung zu reduzieren, die durch das beruhigende Glas Wein nach den Vorstellungen am Abend gefördert wird, empfehle ich Kapha-Entschlackungstage in den Produktionspausen.

Für die regelmäßige Unterstützung ihres erregten Vata sollte sie täglich einen halben Liter Tee aus folgenden Kräutern trinken: Eibischblätter, Orangenblüten, Johanniskraut, Melisse und Fenchel.

Barbara – zurückhaltend und freundlich

Barbara friert leicht, sie leidet unter kalten Händen und Füßen und unter Verspannungen im Schulter- und Nackenbereich. Sie hat einen zarten Körperbau, wenig Gewicht und nimmt schwer zu. Ab und zu meldet sich auch die Niere mit Krämpfen. Sie isst regelmäßig, nicht besonders viel und trinkt wenig.

Bei ihrer Arbeit macht sie alles genau, liebevoll und bleibt stets freundlich. Sie schätzt die Routine und lässt nur ungern Neues zu. Stellen sich zu viele Aufgaben auf einmal, fühlt sie sich überfordert und reagiert mit Langsamkeit und Rückzug.

Ihre Ausdauer, Ruhe und Freundlichkeit verdankt sie einem ausgeprägten Kapha, das sie durch ein Übermaß an Toleranz und Liebe auch begrenzen und einengen kann, wenn Feuer und Wind schwach sind. Diese beiden Elemente müssen verstärkt werden, damit das Feuer wärmen und leuchten kann und die Starre sich löst.

Mein Vorschlag lautet:

Eine Vata-Ernährung mit anregenden und wärmenden Kapha-Gewürzen. Leichte, gut gewürzte Kost, viele warme Suppen und Tees, mehrere kleine Mahlzeiten am Tag, um das Verdauungsfeuer nicht zu überlasten.

Morgens und mittags ein Kräutertee, der Agni anregt: Hibiskus, Zimt, Galgant, Rosmarin, Sternanis; abends ein wärmender und spannungslösender Tee aus Johanniskraut mit Fenchel, Ingwer und Gewürznelken.

Berta – erfolgreich und ständig arbeitend

Berta steht gerne früh auf und ist gleich voller Tatendrang. Sie liebt es, zu organisieren, Mitarbeiter zu motivieren und immer wieder Neues zu initiieren. Sie kämpft eine Sache durch, doch kostet sie dies auch viel Kraft und erschöpft sie sehr.

Immer wieder leidet sie unter Schlafstörungen. Sie wacht dann zwischen drei und vier Uhr am frühen Morgen auf und kann nicht mehr einschlafen. Alle unerledigten Aufgaben werden im Geist durchgearbeitet. Müde und unruhig beginnt ihr Tag.

Natürlich fehlt ihr die nächtliche Regeneration und sie kann ihr Energieniveau nur mit viel Kaffee und scharfem Essen aufrechthalten.

Sie wird zwar wacher, doch der Blutdruck steigt, Blähungen, Durchfall und Hautrötungen führen zu vermehrtem Unbehagen.

Berta hat eine ausgeprägte Vata-Pitta-Konstitution, die ihr dieses motivierte Leben, ihre Kreativität und das Durchsetzen ihrer Ideen ermöglicht.

Mein Vorschlag lautet:

Im Allgemeinen bleibt Berta mit einer Pitta-Ernährung am besten im Gleichgewicht (kein Kaffee, wenig Alkohol, nichts zu Scharfes und zu Saures). Doch in Phasen erhöhten Vatas, das sich in ihren Schlafstörungen manifestiert, muss sie für einige Zeit eine Vata-Diät halten (vermehrt auf Regelmäßigkeit achten, vor allem abends leichtes, warmes Essen).

Und abends einen beruhigenden Tee gegen Schlafstörungen trinken: Haferstroh, Hopfen, Melisse, Orangenblüten, Lavendel und Rosenblätter.

Marta – Kochen für die Familie

Marta erklärt mir, bei ihr zu Hause – sie hat Mann und drei Kinder – hätte jeder eine andere Ausprägung der Konstitution. Und sie würde deshalb gern für jeden etwas Besonderes kochen.

Es ist ein Glück, dass Marta die Zeit hat.

Um ein für jedes individuelle Dosha entsprechende Mahl servieren zu können, bringt Marta die Vielfalt eines indischen Tali (einer Platte) auf den Tisch: Im Zentrum platziert sie Reis (oder Kochdinkel, Weizen, Hafer, Quinoa, Kartoffeln) und rundum reihen sich Suppe, Rohkost, gedünstetes mildes und scharfes Gemüse, ein Gericht mit Eiweiß (Linsen, Bohnen, Fisch, Eier, Fleisch, Joghurt) und ein süßes Gericht.

Aus dieser Palette kann sich nun jeder das ihm Gemäße auswählen.

Ingrid – die Eilige

»Wenn ich nach der Arbeit hungrig nach Hause komme, muss es schnell gehen und dann wird gekocht, was gerade da ist.

Oder ich schaue noch rasch im Supermarkt vorbei und kaufe, was mir in die Hände fällt. Wie soll ich bei wenig Zeit ausgewogen essen?«

Ingrid ist gut organisiert und hervorragend in ihrem Job. Die Aufnahme von Nahrung war jedoch bis jetzt mehr ein notwendiges Übel als Genuss und bewusstes Essen. Müdigkeit, nachlassende Energie und steigende Lustlosigkeit waren ihre Motivation zur Beratung zu kommen.

Ich erinnere sie an ihr Talent für Organisation, mit dem sie spielend alle Aufgaben im Büro bewältigt. Daran anknüpfend erstellen wir einen Menüplan für einen Monat.

Seine Basis ist eine wöchentliche Einkaufsliste, die Ingrid ein- bis zweimal pro Woche auf den Markt und einmal ins Biogeschäft führt. Nun ist alles zeitgerecht zu Hause und das Menü muss nicht mehr täglich überlegt werden.

Ingrid weiß, worauf sie sich freut, und hat alles zur Hand. Jetzt ist ihre Ernährung ausgewogen mit frischem Gemüse, Vollkorngetreide, kalt gepressten Ölen und genügend Eiweiß, das sie als Hülsenfrüchte, Milchprodukte, Eier, Fisch und manchmal auch Fleisch zu sich nimmt.

Sie fühlt sich motiviert und angeregt. Zur Belebung trinkt sie statt Kaffee folgende Kräutermischung: Rosmarin, Zitronengras, Ingwer, Steinklee und Hibiskus.

Rezeptteil

Die Rezepte

Bevor Sie zu kochen beginnen, das Wichtigste noch einmal im Überblick:

Wählen Sie vorwiegend	**für die Vata-Konstitution**	**für die Pitta-Konstitution**	**für die Kapha-Konstitution**
Mahlzeiten mit den Eigenschaften	warm, befeuchtend, nährstoffreich, erdend, ölig	trocken, kühlend, mild, ausreichend	heiß, trocken, leicht
Mahlzeiten mit dem Geschmack	sauer, salzig, neutral (süß)	neutral (süß), herb	scharf, bitter, herb

Die richtige Zubereitung ist für den Ausgleich eines Doshas sinnvoller als die Auswahl »richtiger« Lebensmittel. Denn auch »trockene« Hirse können Sie mit ein bisschen Fett- und Flüssigkeitszugabe dem Vata-Dosha anpassen, »kühles, feuchtes« Gemüse wie Gurke durch pikantes Würzen für Kapha wärmer und leichter machen. Auf diese Weise fällt es nicht schwer, für Menschen verschiedener Konstitutionen zugleich zu kochen.

Die Einteilung in Doshas ist ein relativ grobes Raster, das anfänglich das Lernen des ayurvedischen Kochens erleichtern soll. Lernen Sie mit der Zeit immer mehr auf Ihre aktuellen Bedürfnisse zu achten, indem Sie die Eigenschaften der Mahlzeiten ihren Wünschen anpassen. Verwenden Sie Lebensmittel aus biologischem Anbau. Eine optimale Qualität ist die Grundlage gesunder ayurvedischer Ernährung. Verzichten Sie auf die Mikrowelle, sie zerstört auch in den besten Lebensmitteln Prana, die Lebenskraft.

Eine Möglichkeit, Mahlzeiten dem jeweiligen Dosha anzupassen, sind Gewürze.

Individuelle Gewürzmischungen zu kreieren, gehört im asiatischen Raum zum Stolz einer guten Köchin. In der Kräuterdrogerie haben wir drei Mischungen zusammengestellt, die ein überhöhtes Dosha vermindern helfen. Mit diesen Gewürzmischungen können Sie Speisen und Getränke würzen (auch nachträglich).

Vata-Gewürzmischung

(reduziert Vata)

Liebstöckel: regt das Verdauungsfeuer an
Fenchel: vermindert Blähungen
Bockshornkleesamen: wirkt einhüllend
Basilikum: entspannt
Zimt: bringt Wärme
Lavendel: beruhigt die Nerven

Pitta-Gewürzmischung

(reduziert Pitta)

Koriander: dämpft übermäßiges Feuer, beruhigt den Darm
Kardamom: hilft gegen Sodbrennen
Kreuzkümmel: wirkt entkrampfend, besonders auf die Gallenblase
Gewürznelke: desinfiziert
Süße Orangenschale: kühlt und erfrischt
Salbei: ist zusammenziehend und lindert Entzündungen

Kapha-Gewürzmischung
(reduziert Kapha)

Lorbeer: regt Agni an und stärkt den Magen
Muskat: fördert geistige Beweglichkeit
Ingwer: erwärmt und durchblutet
Anis: wirkt schleimlösend
Thymian: bringt Hitze und regt an
Rosmarin: macht munter und bringt den Kreislauf in Schwung
Wacholder: entwässert

☛ **Allgemeine Hinweise:**
Die Rezepte (mit einigen Ausnahmen wie Kuchen) sind jeweils für vier Personen berechnet.

Wichtige Abkürzungen:

EL = Esslöffel	g = Gramm
TL = Teelöffel	kg = Kilogramm
Msp. = Messerspitze	l = Liter
Pck. = Packung	

ml = Milliliter (125 ml = $^1/_8$ Liter; 250 ml = $^1/_4$ Liter; 500 ml = $^1/_2$ Liter etc.)
geh. = gehäuft

An dieser Stelle sei darauf darauf hinweisen, dass die Mengenangaben – vor allem zur Bemessung der Gewürze – lediglich Richtwerte sind, die vom Dosha des Essers ebenso abhängen wie vom persönlichen Geschmack und auch durch Unterschiede zwischen Produkten entstehen können.

Warme und kalte Getränke

Warme Getränke (z. B. warmes Wasser), schluckweise und in kleinen Mengen zu einer Mahlzeit getrunken, lockern die Speisen auf und können vor allem Vata bei einer gründlichen Verwertung der Nahrung unterstützen. Aperitifs regen den Appetit an und Digestifs (Verdauungsgetränke) vermehren die Säfte der Verdauung nach dem Essen.

Ayurvedische Warmwasser-Trinkkur

Zutaten:

- 1–1,5 l Wasser
- $^1/_2$–2 TL getrockneter oder frischer Ingwer, klein geschnitten

Zubereitung und Anwendung:

Köcheln Sie jeden Morgen 15 Minuten das Wasser mit einer kleinen Menge Ingwer, lassen es auf warme Trinktemperatur abkühlen und füllen es anschließend in eine Thermoskanne. Von diesem Getränk nehmen Sie jede halbe Stunde einige Schluck zu sich.

Diese Anwendung hilft, den Darm sanft zu säubern, regt die Peristaltik an und reguliert die Verdauung. Blähungen werden gemildert, der Magen-Darm-Trakt entspannt sich. Ingwerwasser können Sie ständig zu sich nehmen – es passt auch zu allen Mahlzeiten – oder als Kurgetränk über mindestens vier Wochen. Wenn Sie stark Pitta dominiert sind, trinken Sie das abgekochte Wasser ohne Ingwer lauwarm über den Tag verteilt.

☛ Hinweise:

In der ayurvedischen Medizin wird die Ingwerwurzel seit Jahrtausenden als wichtiges Heilmittel eingesetzt. *Ingwer* gilt als »universelle« Medizin und als »sattwisch«. Ingwer wirkt magenstärkend, anregend, krampflösend, erwärmend und stärkt das Immunsystem. Der Geschmack ist süßlich-scharf und ein bisschen zitronig. Ingwer kann als Gewürz für pikante und süße Speisen verwendet werden, köstlich schmeckt auch kandierter Ingwer. In der richtigen Dosierung ist Ingwer für alle drei Doshas geeignet.

In der ayurvedischen Medizin wird unterschieden: Für Heilzwecke wird vor allem getrockneter Ingwer verwendet, der durch seinen süßen Geschmacksanteil milder und besser verträglich ist als frischer.

Kräuter- und Gewürztees

Tees sind Begleiter durch den Tag, die mithelfen, die Doshas auszugleichen und den Stoffwechsel zu stärken. Im Folgenden finden Sie sechs Kompositionen aus Heilpflanzen, die sich in der europäischen Kräuterheilkunde seit langer Zeit bewähren und die auf die Konstitutions-Typen Rücksicht nehmen. Die ersten drei Mischungen sind besonders wohlschmeckend und für den täglichen Bedarf gedacht. Die drei ayurvedischen Entschlackungstees werden drei bis vier Wochen lang getrunken und unterstützen die Reinigungsprozesse des Körpers.

Vata-Tee

Diese Mischung befeuchtet, regeneriert und gleicht ein Zuviel an Vata aus: Ringelblume, Malve, Kamille, Anis, Eibisch, Koriander, Apfel.

➥ TIPP: Jede dieser Pflanzen kann auch einzeln als Tee getrunken werden. Zum Süßen eignen sich Rosinen, Malz, Honig.

Pitta-Tee

Diese Mischung kühlt, beruhigt und gleicht ein Zuviel an Pitta aus: Rose, Himbeerblätter, Lemongrass, Melisse, Kornblume, Heidelbeere; lauwarm bis kühl trinken, nur kurz ziehen lassen.

➥ TIPP: Von diesen Pflanzen können außer Heidelbeeren (nur bei Durchfall) und Kornblume alle Pflanzen auch einzeln als Tee getrunken werden. Zum Süßen eignen sich Ahornsirup, Zuckerrohrgranulat und Birnendicksaft.

Kapha-Tee

Diese Mischung wärmt, regt an und gleicht ein Zuviel an Kapha aus: Rosmarin, Ingwer, Brombeerblätter, Quendel, Fenchel, Hagebutte, Rittersporn, Ringelblume.

Davon eignen sich als einzelne Tees bei ausgeprägter Kapha-Konstitution besonders Rosmarin (Achtung: Kann den Blutdruck erhöhen), Quendel (eine einheimische, wärmende Thymian-Art), Ingwer und Fenchel. Wenn der Tee heiß getrunken wird, soll er nicht gesüßt werden. Wenn er unter 40 °C abgekühlt ist, kann man ihn mit etwas Honig zu sich nehmen.

Milder Vata-Entschlackungstee

Eine Mischung aus Basilikum, Eibischwurzel, Fenchel, Ingwer, Kalmus, Gewürznelke, Poleiminze, Süßholz und Wacholder. Menschen mit Vata-Konstitution müssen besonders darauf achten, dass sie trotz einer Entschlackung nicht »austrocknen«, deshalb sind in dieser Mischung neben wärmenden und reinigenden auch befeuchtende Heilpflanzen enthalten.

Kühlender Pitta-Entschlackungstee

Eine Mischung aus Zinnkraut, Artischocke, Löwenzahn, Pfefferminze, Schafgarbe und Rosenblüten. Für Menschen mit Pitta-Konstitution und ihrem manchmal überschießenden Temperament ist es wichtig, dass sie durch Bitterstoffe regelmäßig ihre Leber – und damit das Blut – reinigen und ein bisschen »abkühlen«. Das angenehme Aroma von Pfefferminze und Rose ergänzt die etwas bitteren Kräuter dieses Tees und macht ihn gut trinkbar.

Anregender Kapha-Entschlackungstee

Eine Mischung aus Rosmarin, Alant, Beifuß, Ingwer, Petersilienwurzel und Thymian. Wenn die Energie Kapha im Organismus überwiegt, braucht der Stoffwechsel neuen Schwung. Diese Heilpflanzen wärmen, reinigen und entwässern.

Rooibostee

Ein ausgezeichneter Tee, der sich auch hervorragend als Getränk bei Tisch eignet, ist Rooibostee. Er ist neutral im Geschmack, kann warm und kühl getrunken werden und enthält viele Mineralstoffe. Durch Mischen mit Gewürzen und Getränken kann er vielen Gelegenheiten angepasst werden. Dazu ein paar Beispiele:

Mit Ingwer, Gewürznelke, Zimt, Kardamom: wärmend.

Mit Rosenwasser, Milch oder Reisdrink: kühlend.

Mit Orangen- und Zitronensaft, Hibiskusblüten und Hagebutten: säuerlich.

Gewürztees

Getränke, die im Winter immer beliebter werden, sind die verschiedenen Gewürztees, etwa Yogi-Tee oder der »Agni-Tee« aus der Kräuterdrogerie. Auch diese grundsätzlich scharfen, erhitzenden Zubereitungen können den Doshas angepasst werden:

Für Vata: Mit Milch oder Haferdrink: mildern den scharfen, austrocknenden Geschmack.

Für Pitta: Mit Wasser verdünnen und etwas Reisdrink zusetzen: lindert Schärfe und Hitze.

Für Kapha: Pur trinken.

Guduchi

Tinospora cordifolia, wie diese Pflanze auf Latein heißt, ist ein Tee der ayurvedischen Medizin, der mittlerweile auch bei uns in guter Qualität erhältlich ist. Sein zweiter Name ist Amrta – was »Nektar« bedeutet. Guduchi soll verjüngend wirken und Ojas vermehren.

Erfrischende Lassis

Lassis sind erfrischende Joghurt-Getränke, die köstlich schmecken, dem Darm wohl tun und die Doshas ausgleichen helfen. Sie sollten wohl temperiert getrunken (und nicht gekühlt) werden: entweder zum Essen (v. a. Gewürzlassis), nach dem Essen (statt eines Desserts) oder auch als leichte Zwischenmahlzeit.

Vata-Lassi

(bei schwacher Verdauung)

Zutaten:

- 1 TL Vata-Gewürzmischung
- 1 TL Kreuzkümmel
- 500 ml lauwarmes Wasser
- 1 EL Honig
- 2 TL Zitronensaft
- 150 ml Sauerrahm
- 350 ml Joghurt (3,6 %)

Zubereitung:

Die Gewürze mit etwas heißem Wasser aufgießen, einige Minuten ziehen lassen, damit sich das Aroma entfaltet. Das lauwarme Wasser zugießen, Honig und Zitronensaft hinzufügen. Sauerrahm und Joghurt unterrühren. Wenn Sie das Lassi 30 Minuten ziehen lassen, intensiviert sich sein Geschmack.

Pitta-Lassi

Zutaten:

- 1 TL Pitta-Gewürzmischung
- 1 TL Koriander
- 2 EL Birnendicksaft oder Zuckerrohrgranulat
- 150 g Hüttenkäse oder Sauerrahm
- 350 ml Joghurt (3,6 %)
- 500 ml Wasser

Zubereitung:

Gewürze mit wenig heißem Wasser aufgießen, einige Minuten ziehen lassen, damit sich das Aroma entfaltet. Birnendicksaft oder Zucker und restliches Wasser zugießen.

Die übrigen Zutaten unterrühren. Wenn Sie das Lassi 30 Minuten ziehen lassen, intensiviert sich sein Geschmack.

Kapha-Lassi

Zutaten:

- 1 TL Kapha-Gewürzmischung
- $^1/_2$ TL Trikatu (oder schwarzer Pfeffer, frisch gemahlen)
- 600 ml lauwarmes Wasser
- 2 EL Honig
- 400 ml Joghurt

Zubereitung:

Die Gewürze mit etwas heißem Wasser aufgießen, einige Minuten ziehen lassen, damit sich das Aroma entfaltet. 250 ml vom lauwarmen Wasser zugießen, den Honig hinzufügen.

Joghurt und restliches Wasser schaumig rühren und zum Wasser geben. Gut durchrühren.

Wenn Sie das Lassi 30 Minuten ziehen lassen, intensiviert sich sein Geschmack.

Safran-Getränk

(stärkend)

Zutaten:

- 1/2 Vanilleschote
- 800 ml Milch (für Vata) oder Reisdrink (für Pitta)
- 12 Safranfäden
- 1–2 EL Zuckerrohrgranulat
- 2 EL Rosenwasser

Zubereitung:

Die Vanilleschote der Länge nach aufschneiden und das Mark herauskratzen. Mit Milch (Reisdrink) und Safranfäden 15 Minuten auf kleiner Flamme köcheln. Zucker unterrühren und abkühlen lassen.

Die Flüssigkeit abseihen und mit dem Rosenwasser verrühren.

Chai

(belebend und wärmend)

Zutaten:

- 1 TL Kardamomsamen
- 5 Gewürznelken
- $^1/_2$ TL schwarze Pfefferkörner
- 1 TL Ingwer, gemahlen
- 1 Zimtstange
- 1 l heißes Wasser
- 1 TL schwarzer Tee
- 500 ml Milch, Soja- oder Reisdrink
- 2–4 EL Zuckerrohrgranulat

Zubereitung:

Kardamom, Nelken und Pfeffer im Suribachi (Mörser) grob mahlen. Einen Edelstahltopf erhitzen, alle Gewürze darin rösten, bis sie zu duften beginnen. Mit heißem Wasser übergießen und 15 Minuten köcheln. Den Tee hinzufügen, weitere 5 Minuten ziehen lassen. Die Milch zugießen, weitere 5 Minuten köcheln und vom Herd nehmen. Abseihen und süßen.

☛ **Hinweise:**

Als *Kardamom* bezeichnet man die aromatischen Samenschoten eines Strauchs, der im tropischen Asien beheimatet ist. Die Schoten, die winzige schwarze Samen enthalten, werden gepflückt, bevor sie reif sind, und dann getrocknet.

Wie Ingwer und Safran gilt auch Kardamom als »sattwische« Heilpflanze mit ausgleichender Heilwirkung und kann für süße ebenso wie für pikante Gerichte verwendet werden. Die dunklen Samen des Kardamom werden gerne zu Tee und Kaffee gegeben, um diese koffeinhältigen Getränke besser verträglich zu machen.

Ghee: Ein traditionelles Heilmittel

Ghee ist nicht nur ein fantastisches Fett zum Kochen und Backen, sondern gilt in der ayurvedischen Medizin als traditionelles Heilmittel. In Maßen genossen löst es Blockaden im Körper und hilft bei der Ausscheidung von Giftstoffen. Besonders bei erhöhtem Vata und den daraus resultierenden Problemen (Blähung und Verstopfung) sollte es regelmäßig verwendet werden.

Zutaten:

- 500 g Sauerrahmbutter
- 1 Metallsieb
- 1 feines Tuch (z. B. Verbandmull oder Stoffwindel)
- 1 leeres 500-ml-Glas mit Schraubdeckel, heiß gewaschen und gründlich getrocknet

Zubereitung:

Die Butter in kleine Stücke schneiden und in einem Topf mit dickem Boden schmelzen.

Anschließend bei niedriger Hitze köcheln lassen, bis das Eiweiß auf den Boden gesunken und die Butter völlig klar ist (dauert etwa 20 Minuten). Der ideale Zeitpunkt ist gekommen, wenn das Eiweiß ganz zart gebräunt ist.

Den Topf vom Herd nehmen, den Schaum abschöpfen und das Ghee langsam durch das mit dem Tuch ausgelegte Sieb ins Glas füllen und verschließen.

Einfache Frühstücksrezepte

Ein vollwertiges, nahrhaftes Frühstück ist für Menschen mit *Vata-Konstitution* besonders wichtig, damit sie genügend Kraft für den Tag haben, ihr Blutzuckerspiegel konstant bleibt und ihre Nerven ausreichend Stärkung erhalten. Damit das Verdauungsfeuer im Gleichgewicht bleibt, sind warme Breie – süß oder pikant – am Morgen ein idealer Start, sie sind schnell zubereitet.

Ebenso eignen sich leichte Suppen oder Dhals, besonders mit Miso und Sojasauce, die dem Darm auf die Sprünge helfen. Mit Brot und Gebäck sollte man sparsam sein, da viele Sorten Hefe enthalten, was bei Vata zu Blähungen führen kann.

Menschen mit *Pitta-Konstitution* haben gerne schon morgens etwas Kräftiges, um ihr Agni zu beschäftigen und benötigen Eiweiß. Sie können den Tag beispielsweise mit Tofu- oder Getreide-Laibchen beginnen, mit einem Dhal oder mit Brot und einem Aufstrich, dazu etwas rohes Gemüse. Auch ein süßer Hirsebrei ist gut für den Tagesanfang.

Da das Frühstück meist in die »Kapha-Tageszeit« fällt (zwischen sechs und zehn Uhr), Menschen mit *Kapha-Konstitution* oft schwer in Schwung kommen und morgens wenig Appetit haben, können sie auf ein üppiges Frühstück verzichten. Gut sind am Morgen warme, würzige Getränke wie z. B. Ingwerwasser, Rosmarintee (kurbelt schwachen Blutdruck an) oder – vor allem im Winter – Gewürztee. Würzen Sie kräftig und verwenden Sie stark verdünnte Milch (bzw. Reisdrink) oder ausschließlich Wasser zum Kochen.

Nachdem es ja so gut wie nie »reine« Konstitutionstypen gibt, können Sie gut zwischen den Rezepten abwechseln und sie nach Ihren Bedürfnissen auswählen und kombinieren. Alle Frühstücksrezepte eignen sich ebenso gut als Zwischenmahlzeit oder leichtes Abendessen.

Breie können Sie aus Hirse, Buchweizen, Quinoa, Reis, Grieß, Flocken und feinem Schrot aller Getreidesorten (besonders rasch!) zubereiten. Kombinieren Sie sie mit folgenden Flüssigkeiten:

Milch (Vata, Pitta), verdünnte Sahne (Vata), Reismilch (Vata, Pitta, Kapha), Sojamilch (Vata, Pitta), Haferdrink (Vata, Pitta), Wasser (Kapha).

Wenn Sie einmal ganz wenig Zeit zum Kochen haben, verwenden Sie Instant-Babybrei.

Grundrezept

(für eine Person)

Zutaten:

- 250–350 ml Flüssigkeit
- 50 g Grieß, Flocken oder feiner Getreideschrot
- 1 winzige Prise Salz

Zubereitung:

Flüssigkeit aufkochen, Grieß oder Flocken unter ständigem Rühren einstreuen, salzen und eine Minute köcheln lassen, vom Herd nehmen und zugedeckt quellen lassen.

Süße Breie verfeinern Sie mit:

- Gewürzen wie Zimt, Ingwer, Kardamom, Vanille
- Rosinen oder klein geschnittenen Trockenfrüchte wie Pflaumen, Feigen, Aprikosen, die Sie entweder mitkochen oder vor dem Quellen einrühren
- Mandeln, Haselnüssen oder Cashewkernen
- Nuss- oder Mandelmus (kurz vor dem Essen einrühren)
- Agavensirup, Malz, Zuckerrohrgranulat, Birnendicksaft
- Honig (erst einrühren, wenn der Brei nicht mehr heiß ist)
- Kokosflocken
- Leinsamen (falls die Verdauung Unterstützung braucht)
- reifem gedünstetem oder gebratenem Obst in kleinen Stücken (Äpfel, Bananen, Mangos, Pflaumen, Aprikosen)

☛ Hinweise:

Honig hat im Ayurveda einen ganz besonderen Stellenwert. Er gilt als sattwisches, also besonders wertvolles Lebensmittel. Schon in den klassischen Schriften werden acht verschiedene Sorten Honig und ihre therapeutische Verwendung beschrieben.

Dem Geschmack nach ist Honig süß und zusammenziehend (herb), seine Energie ist heiß. Das macht ihn zum einzigen empfehlenswerten Süßungsmittel, wenn man Kapha reduzieren will (1–2 Esslöffel pro Tag). Durch seine Hitze ist er gut für Vata, bei erhöhtem Pitta sollte man Honig nur selten essen.

Beim Backen sollte man Honig nicht verwenden, da erhitzter Honig Ama (Schlackenstoffe, die Blockaden verursachen), erzeugt.

Mandeln sind ebenfalls ein wunderbares sattwisches Nahrungsmittel. Zehn geschälte Mandeln, einige Stunden in Wasser eingeweicht, decken den Tagesbedarf an wichtigen Nährstoffen (sie enthalten Kalium, Kalzium, Phosphor, Magnesium und Eisen).

Pikante Breie verfeinern Sie mit:

- Gewürzen wie Ingwer, Kreuzkümmel, Koriander oder Curry
- Gemüsebrühe
- Miso, Shoyu, Tamari
- gedünstetem, klein geschnittenem Gemüse
- Gemüsepürees
- frischen Kräutern
- Tofu

Aufstriche fürs Brot und zum Dippen

Vielen Menschen, die von herkömmlicher Ernährung auf eine vorwiegend vegetarische Kost umsteigen möchten, fällt es anfangs schwer, auf Wurst zu verzichten, ohne in der Folge zu viel Käse zu essen – der ja relativ schwer verdaulich ist und Kapha rasch ansteigen lässt.

Hier finden Sie Aufstriche, die einfach zuzubereiten sind und sich im Kühlschrank einige Tage halten. Wenn sie aus Hülsenfrüchten bzw. Tofu bestehen, sind sie reich an Eiweiß.

➥ **TIPPS:** Achten Sie beim Einkauf der *Hülsenfrüchte* darauf, dass Sie nur solche aus biologischem Anbau verwenden. Sie sind besser verträglich. Wenn Sie die Hülsenfrüchte (nur bei roten Linsen nicht nötig) über Nacht einweichen, verkürzt sich die Kochzeit. Vor dem Kochen müssen die Hülsenfrüchte gut abgespült werden, das Einweichwasser sollten Sie nicht mehr verwenden.

Wenn Sie keine Zeit zum Einweichen haben, hilft folgender Trick: Geben Sie die Hülsenfrüchte in einen Topf und bedecken Sie sie mit kaltem Wasser. Zum Kochen bringen, Topf vom Herd nehmen und zugedeckt eine Stunde stehen lassen. Gießen Sie das Einweichwasser weg, spülen Sie die Hülsenfrüchte und kochen Sie sie in frischem Wasser gar.

Salzen Sie Hülsenfrüchte immer erst am Ende des Kochvorganges.

Wenn Sie ein Stück Kombualge mitkochen, werden die Hülsenfrüchte schneller weich und der Mineralstoffanteil der Mahlzeit steigt.

Damit Agni, das Verdauungsfeuer, mit den Hülsenfrüchten »fertig« wird, sollten Sie die Hülsenfrüchte reichlich würzen und zuletzt eventuell noch etwas Essig oder Zitronensaft zufügen.

Adzukibohnenpaste mit Kräutern

Zutaten:

- 100 g Adzukibohnen
- $^1/_2$ TL Bohnenkraut
- 1 EL Olivenöl
- 1 TL Senfkörner
- 1 Bund Frühlingszwiebeln, klein gehackt (ein paar hauchdünne grüne Ringe zum Garnieren aufbewahren)
- je $^1/_4$ TL Kräuter der Provence und Majoran
- 1 Knoblauchzehe, gepresst
- Salz
- Trikatu
- Tamari
- dünne Zitronenscheibe

Zubereitung:

Die Adzukibohnen über Nacht einweichen lassen. Am nächsten Tag mit frischem Wasser und Bohnenkraut gar kochen. Zum Abtropfen in ein Sieb geben.

Das Olivenöl erhitzen und die Senfkörner darin anrösten, bis sie platzen, dabei gelegentlich umrühren. Frühlingszwiebeln hinzufügen, mit Kräutern der Provence, Majoran und Knoblauch würzen und gar dünsten. Abkühlen lassen.

Alle Zutaten miteinander vermischen, pürieren und mit Salz, Trikatu und Tamari abschmecken.

Zum Schluss die Bohnenpaste mit einer hauchdünnen Scheibe Zitrone und den grünen Frühlingszwiebelringen garnieren.

➡ TIPP: Dazu passt getoastetes Brot als Beilage.

☛ Hinweis:
Die *Adzukibohne* ist eine aus Japan importierte Bohnenart mit kernig festen, kleinen, roten Bohnen von süßlichem Geschmack.

Kräuterquark mit Kresse

Zutaten:

- 250 g Speisequark
- 125 ml Joghurt (3,6 %)
- 2 EL Sahne
- $^1/_2$ TL Honig
- Kräutersalz
- schwarzer Pfeffer, frisch gemahlen
- 1 Bund Schnittlauch, fein geschnitten

Zubereitung:
Den Quark mit Joghurt und Sahne cremig rühren, Honig, Salz, Pfeffer und Schnittlauch hinzufügen, gut verrühren. Mit Schnittlauch bestreut servieren.

Grünkernaufstrich

Zutaten:

- 1 Tasse Gemüsebrühe
- 1 Lorbeerblatt
- 1/2 TL Majoran
- 1/2 Tasse Grünkern, fein geschrotet
- 1 Zwiebel, fein gehackt
- 1 EL Oliven- oder Rapsöl
- 1 Knoblauchzehe, gepresst
- 1 TL Senf
- 1 Prise Muskatnuss, frisch gerieben
- 1 Prise Paprikapulver edelsüß
- Tamari
- Salz
- schwarzer Pfeffer, frisch gemahlen

Zubereitung:

Die Gemüsebrühe mit Lorbeerblatt und Majoran aufkochen, Grünkern unterrühren. Einige Minuten köcheln, vom Herd nehmen. Mindestens 1/2 Stunde zugedeckt quellen lassen.

In der Zwischenzeit die Zwiebel im Öl weich dünsten.

Nachdem der Grünkernschrot abgekühlt ist, das Lorbeerblatt entfernen. Schrot und Zwiebel mit Knoblauch, Senf, Muskat und Paprika pürieren, eventuell noch etwas Wasser oder Gemüsebrühe hinzufügen. Mit Tamari, Salz und Pfeffer abschmecken.

Indischer Linsenaufstrich

Zutaten:

- 150 g braune Linsen
- 2 Knoblauchzehen, in der Schale
- 1 kleine Zwiebel, fein gehackt
- 2 EL Olivenöl
- 1 Prise Gelbwurz (Kurkuma), gemahlen
- 1 Prise Gewürznelke, gemahlen
- 1 Prise Ingwer, gemahlen
- 1 Prise Zimt, gemahlen
- $^1/_2$ TL Kreuzkümmel, gemahlen
- Salz
- Pfeffer
- 1 TL Limetten- oder Zitronensaft
- einige hauchdünne Streifen Limetten- oder Zitronenschale

Zubereitung:

Die Linsen waschen und zusammen mit den Knoblauchzehen gar kochen. Zum Abtropfen in ein Sieb geben.

Die Zwiebel in Öl andünsten, die Gewürze hinzufügen und kurz mitdünsten.

Zusammen mit den Linsen pürieren und mit Salz, Pfeffer und Limetten- oder Zitronensaft abschmecken. Mit den gelben oder grünen Streifen garnieren und mit frischem schwarzen Pfeffer bestreuen.

☛ **Hinweise:**

Kurkuma (Gelbwurz) ist ein leuchtend gelbes Pulver, das aus den getrockneten Wurzeln einer tropischen, mit dem Ingwer verwandten Pflanze gemahlen wird. Bei der Dosierung sollte man zurückhaltend sein, da das sehr erdige Aroma schnell dominiert. Die leicht bitteren Inhaltsstoffe verbessern Leberfunktion und Gallefluss, Eiweiß- und Fettverdauung (Cholesterin).

Linsen sind eine gute Eiweißquelle. Braune Linsen haben einen nussartig milden Geschmack. Rote Linsen, häufig in der asiatischen Küche verwendet, sind geschält und deshalb leicht verdaulich. Sie eignen sich besonders als Nahrungsmittel für die Vata-Konstitution.

Tofu-Möhrencreme

Zutaten:

- 2 Möhren, fein geraspelt
- 2 EL Haselnüsse, fein gemahlen
- 1 EL Ghee oder Butter
- 200 g Tofu natur oder geräuchert, je nach Geschmack
- 1 Prise Cayennepfeffer
- 1 TL Zitronensaft
- Salz

Zubereitung:

Möhren und Haselnüsse in Ghee oder Butter weich dünsten, mit Tofu zu einer Paste pürieren und mit Cayennepfeffer, Zitronensaft und Salz abschmecken.

➡ **TIPP:** Dies ist ein besonders leichter Aufstrich, der auch bei Vata-Konstitution gut vertragen wird.

Kichererbsenpaste (Hummus)

Zutaten:

- 200 g Kichererbsen
- 1 Lorbeerblatt
- 3 EL Olivenöl
- 1 Knoblauchzehe, gepresst
- Salz
- 1 TL Zitronensaft
- 1 Prise Cayennepfeffer
- Tamari

Zubereitung:

Die Kichererbsen über Nacht in Wasser einweichen lassen. Am nächsten Tag mit frischem Wasser und Lorbeerblatt sehr gar kochen (ca. 1 Stunde). Die Kichererbsen zum Abtropfen in ein Sieb geben, etwas vom Kochwasser zurückbehalten.

Mit Öl, Knoblauch, Salz und Zitronensaft pürieren, eventuell mit Kochwasser sämiger machen. Mit Cayennepfeffer und Tamari abschmecken.

☛ **Hinweis:**

Hummus, das Kichererbsenpüree, ist ein wichtiger Bestandteil der arabischen Küche. Es wird dort mit Olivenöl, Zitronensaft und Tahin abgeschmeckt.

Avocadocreme

Zutaten:

- 1/2 Tasse Kokosflocken
- 2 reife Avocados
- 250 g Sauerrahm
- 1 TL Zitronensaft
- schwarzer Pfeffer, frisch gemahlen
- Salz
- Kresse

Zubereitung:

Die Kokosflocken 15 Minuten in heißem Wasser einweichen, dann gut ausdrücken.

Die Avocados der Länge nach halbieren, den Stein entfernen, das Fruchtfleisch mit einem Löffel herauskratzen. Zusammen mit den Kokosflocken und dem Sauerrahm pürieren, mit Zitronensaft, Salz und Pfeffer abschmecken. Mit Kresse bestreut servieren.

➥ **TIPPS:** Die Avocadocreme muss vor dem Genuss frisch zubereitet werden, da sich das Fruchtfleisch rasch verfärbt. Sie schmeckt nicht nur gut auf Brot, sondern eignet sich auch als Beilage zu einer Reistafel.

Köstliche Beilagen: Saucen, Pürees, Chutneys & Co.

Die folgenden schmackhaften Beilagen sind unverzichtbare Accessoires zu Getreidegerichten. Sie hüllen unsere Magennerven ein, wenn sie mild und sämig sind, und fachen unser Verdauungsfeuer an, wenn sie säuerlich-pikant sind.

Mit ihnen ist es ein Leichtes, der von der ayurvedischen Küche gestellten Forderung nach allen sechs Geschmacksrichtungen in einer Mahlzeit nachzukommen und die jeweils richtige Ergänzung für die Bedürfnisse der einzelnen Doshas zu finden.

Pikante Saucen und Pürees

Dill-Rahmsauce

Zutaten:

- 1 Zwiebel, fein gehackt
- 1 EL Butter
- 500 ml Gemüsebrühe
- 3 EL Reismehl
- 2 Bund Dill, gehackt
- 1 TL Zuckerrohrgranulat
- 1 EL Essig
- Kräutersalz
- Pfeffer
- 250 ml Sauerrahm

Zubereitung:

Die Zwiebel in Butter weich dünsten, die Gemüsebrühe zugießen und erhitzen.

Reismehl in etwas kaltem Wasser anrühren, unter die Brühe rühren, einmal kurz aufkochen lassen.

Dill, Zuckerrohrgranulat, Essig, Kräutersalz und Pfeffer hinzufügen, alles gut verrühren, zum Schluss den Rahm unterheben.

➥ **TIPP:** Diese Sauce wird zur warmen Kräuterrahmsauce, wenn Sie frische Kräuter verwenden. Ersetzen Sie den Essig durch einige Spritzer Zitronensaft und den Sauerrrahm durch 2–3 Esslöffel Crème fraîche. Beide Saucen schmecken zu Dinkel-Laibchen, Gerste-Plätzchen und Grießklößen.

Möhrenschaum

Zutaten:

- 500 g Möhren
- 250 ml Gemüsebrühe
- 1/2 TL Ingwer, gemahlen
- 1/2 TL Kreuzkümmel, gemahlen
- 1/2 TL Koriander, gemahlen
- 1 Prise Cayennepfeffer
- Salz
- 125 ml Crème fraîche

Zubereitung:

Die Möhren in der Gemüsebrühe weich dünsten. Anschließend zu einer Creme pürieren, mit Ingwer, Kreuzkümmel, Koriander, Cayennepfeffer und Salz würzen. Zum Schluss die Crème fraîche unterheben.

➥ TIPP: Für ein Püree aus gelben Rüben (gelben Beten) verwenden Sie statt der Möhren gelbe Rüben und würzen mit Koriander, Paprikapulver, Kerbel und etwas Zitronensaft. Passt gut zu Buchweizen-Käse-Auflauf und Hirse-Spinat-Klößen.

☛ Hinweise:
Koriandersamen sind ein mildes, ausgleichendes Gewürz und Heilmittel, das sogar bei starker Pitta-Dominanz verwendet werden kann. Sie wirken stärkend, ohne zu erhitzen, und regen mild die Verdauung an. In der ayurvedischen Küche sind auch die frischen Korianderblätter ein beliebtes Würzmittel. Sie haben ein ausgeprägtes Aroma, sie werden in kleiner Menge nach dem Kochvorgang den Speisen zugefügt.

Die Samen des *Kreuzkümmels* ähneln zwar in ihrem Aussehen dem Kümmel, schmecken aber »exotischer«. Sie beschleunigen die Auflösung angesammelter Giftstoffe (Ama), die aus einem unvollständigen Verdauungs- und Ausscheidungsprozess stammen

Kapernsauce

Zutaten:

- 1 große Zwiebel, klein gehackt
- 1 EL Ghee oder Butter
- 250 ml Gemüsebrühe
- 1 Lorbeerblatt
- 2 EL Reismehl
- 2 EL Kapern, gehackt
- 2 TL Senf
- 125 ml Crème fraîche
- etwas Zitronensaft
- 1 Knoblauchzehe, gepresst
- schwarzer Pfeffer, frisch gemahlen
- Salz
- Tamari

Zubereitung:

Die Zwiebel in Ghee oder Butter andünsten, Gemüsebrühe hinzufügen und mit dem Lorbeerblatt sanft köcheln lassen.

Das Reismehl in etwas kaltem Wasser anrühren, Kapern und Senf hinzufügen, zur Brühe geben, kurz aufkochen lassen. Crème fraîche unterheben und mit Zitronensaft, Knoblauch, Pfeffer, Salz und Tamari pikant abschmecken.

➥ **TIPP:** Passt besonders gut zu Grünkernklößen.

Gemüsepüree

Zutaten:

- 1 TL schwarze Senfkörner
- 1 EL ÖL oder Ghee
- 500 g gemischtes Gemüse (Blumenkohl, Kohlrabi, Möhren, Paprika), klein geschnitten
- 1/4 TL Kreuzkümmel, gemahlen
- 1/4 TL Koriander, gemahlen
- 500 ml Gemüsebrühe
- 125 ml Crème fraîche
- 1/2 TL frischer Ingwer, gerieben
- langer Pfeffer, gemahlen
- Kräutersalz
- 1 TL Zitronensaft

Zubereitung:

Die Senfkörner in Öl oder Ghee anbraten, klein geschnittenes Gemüse, Kreuzkümmel und Koriander hinzufügen, kurz anrösten. Mit Gemüsebrühe auffüllen, das Gemüse weich dünsten.

Anschließend pürieren, Crème fraîche unterheben, mit den übrigen Gewürzen und mit Zitronensaft abschmecken.

➥ **TIPP:** Passt zu fast zu allen pikanten Getreide- und Tofugerichten.

☛ **Hinweis:**

Langer Pfeffer (»Pipali«) wird vor allem in Indonesien und Indien als Gewürz verwendet.

Er ist durch seine süße Nachwirkung milder als schwarzer Pfeffer, aber ebenso aromatisch. Man bricht ihn in Stücke und zerkleinert ihn im Mörser. Er wird erst nach dem Kochen zugefügt.

Kürbispüree

Zutaten:

- 1 kleiner roter Hokkaidokürbis (dieser braucht nicht geschält zu werden!) oder 500 g gelber Kürbis (unbedingt schälen!)
- 250 ml Gemüsebrühe
- 2 EL Butter
- 1 Prise Muskatnuss, gerieben
- 1 Prise Ingwerpulver
- 1 Prise Kreuzkümmel, gemahlen
- 1 Prise Paprikapulver, scharf
- Salz

Zubereitung:

Den Kürbis waschen oder schälen, vierteln und mit einem Löffel die Kerne entfernen, in Stücke schneiden und in der Gemüsebrühe gar kochen.

Anschließend pürieren, Butter unterrühren und mit den Gewürzen abschmecken.

➥ **TIPP:** Passt gut zu überbackener Gemüsehirse, Reis mit Linsen, Sechskorn-Mangold-Auflauf.

☛ **Hinweis:**

Den zwiebelförmige *Hokkaido-Kürbis* erhält man in rot und grün. Der rote Hokkaido weist einen hohen Karotingehalt auf und schmeckt maronenartig.

Lauchcreme

Zutaten:

- 750 g Lauch (Porree)
- 2 EL Ghee
- schwarzer Pfeffer, frisch gemahlen (oder Trikatu)
- Kräutersalz
- 1 TL Zitronensaft
- 125 ml Sahne

Zubereitung:

Den Porree der Länge nach aufschneiden, gut waschen, harte grüne Teile entfernen und in Ringe schneiden. In Ghee kurz anbraten, etwas Wasser hinzufügen und weich dünsten.

Anschließend pürieren und mit den Gewürzen abschmecken. Die Sahne schlagen und unterheben.

➡ **TIPP:** Passt gut zu Maisauflauf mit Möhren und Buchweizen-Käse-Auflauf.

Champignonsauce

Zutaten:

- 3 EL Reismehl
- 500 ml Gemüsebrühe
- 250 g Champignons, blättrig geschnitten
- 1 Lorbeerblatt
- 1 Prise Muskatnuss, gerieben
- schwarzer oder weißer Pfeffer, frisch gemahlen
- Tamari
- 125 ml Crème fraîche
- 2 EL Petersilie, klein gehackt
- 1–2 TL Zitronensaft

Zubereitung:

Das Reismehl in etwas kaltem Wasser anrühren, in die Gemüsebrühe rühren, einmal kurz aufkochen lassen. Champignons und Gewürze hinzufügen, unter Rühren sanft köcheln lassen.

Zuletzt Crème fraîche unterheben und Zitronensaft und Petersilie zufügen.

➥ **TIPP:** Passt gut zu Buchweizen-Gerichten, Grießklößen und Grünkernklößen. Lässt sich ebenso mit Austern-, Stein- und anderen Pilzen zubereiten.

Feuerlinsensauce

Zutaten:

- 1 TL schwarze Senfkörner
- 2 EL Ghee
- 200 g rote Linsen
- 1 Lorbeerblatt
- $^1/_2$ TL Kreuzkümmel, gemahlen
- $^1/_4$ TL Ingwerpulver
- $^1/_4$ TL Koriander, gemahlen
- 500 ml Gemüsebrühe
- 1 Knoblauchzehe, gepresst
- etwas Essig
- Salz
- 1 Prise Cayennepfeffer

Zubereitung:

Die Senfkörner in Ghee anrösten, bis sie platzen.

Die roten Linsen waschen, zu den Senfkörnern geben, Lorbeerblatt, Kreuzkümmel, Ingwer und Koriander hinzufügen, kurz mitrösten, dann mit Gemüsebrühe auffüllen und die Linsen gar kochen.

Anschließend alle Zutaten pürieren. Mit Knoblauch, Essig, Salz und Cayennepfeffer abschmecken.

➡ **TIPP:** Passt zu Gerste-Kohl-Auflauf und Hirse-Gemüse-Kroketten. Oder »solo« als Vorspeise mit ein paar Oliven.

☛ **Hinweis:**

Der feurige *Cayennepfeffer* wird aus getrockneten und pulverisierten Schoten und Samen mehrerer Sorten Chillies hergestellt. Er sollte sparsam verwendet werden.

Wurzelsauce

Zutaten:

- 2 Pastinaken, klein geschnitten
- 1/2 Sellerieknolle, klein geschnitten
- 1 Petersilienwurzel, klein geschnitten
- 500 ml Gemüsebrühe
- 125 ml Crème fraîche
- 1 TL Zitronensaft
- schwarzer Pfeffer, frisch gemahlen (oder Garam Masala)

Zubereitung:

Das vorbereitete Gemüse zusammen mit ein wenig Gemüsebrühe weich dünsten. Anschließend zu einer Creme pürieren. Mit der restlichen Gemüsebrühe auffüllen, Crème fraîche unterrühren. Mit Zitronensaft, schwarzem Pfeffer oder Garam Masala würzen.

➡ **TIPP:** Passt gut zu Weizen-Zucchini-Auflauf und orientalischen Sechskorn-Laibchen.

☛ **Hinweise:**

Garam Masala ist im Handel als fertige Gewürzmischung erhältlich. Es enthält normalerweise Zimt, schwarzen Pfeffer, Koriander, Kreuzkümmel, Gewürznelken und Muskatblüte oder Muskatnuss. Im Gegensatz zu anderen Gewürzmischungen wird Garam Masala erst gegen Ende der Kochzeit hinzugefügt.

Die *Pastinake* ist ein möhrenförmiges Wurzelgemüse mit weißgelblichem Fruchtfleisch. Gekocht hat sie ein starkes süßliches Aroma. Die Pastinake stammt aus Osteuropa und galt jahrhundertelang als Arme-Leute-Essen.

Zitronensauce

Zutaten:

- 1 Zwiebel, fein gehackt
- 1 EL Öl
- 500 ml Gemüsebrühe
- 1 Lorbeerblatt
- 3 EL Reismehl
- 2 Eigelb
- 2 EL Zitronensaft
- Salz
- weißer Pfeffer, frisch gemahlen

Zubereitung:

Die Zwiebel in Öl andünsten, mit Gemüsebrühe aufgießen, Lorbeerblatt zufügen und kurz kochen lassen, bis die Zwiebel weich ist.

Das Reismehl in etwas kaltem Wasser anrühren, unter die Brühe rühren, noch einmal kurz aufkochen lassen. Den Topf vom Herd nehmen.

Eigelb mit Zitronensaft verquirlen, etwas heiße Brühe hinzufügen, danach alle Zutaten vermischen. Nicht mehr kochen. Mit Salz und Pfeffer würzen.

➡ **TIPP:** Köstlich zu Bulgur auf Selleriekanapees, Gerste-Sellerie-Auflauf und Grünkern-Brokkoli-Auflauf.

Südliche Tomatensauce

Zutaten:

- 2 Zwiebeln, fein gehackt
- 2 Knoblauchzehen, fein gehackt
- 4 EL Olivenöl
- 10 Tomaten, gehäutet und klein geschnitten oder 500 g aus der Dose
- 1 Lorbeerblatt
- je $^{1}/_{2}$ TL Oregano, Thymian und Rosmarin
- etwas Zitronenschale
- 3 EL Tomatenmark
- 1 TL Rohrzucker
- Kräutersalz
- schwarzer Pfeffer, frisch gemahlen

Zubereitung:

Zwiebeln und Knoblauch in Öl goldgelb dünsten, Tomaten, Lorbeerblatt, Oregano, Thymian, Rosmarin und Zitronenschale hinzufügen. Tomatenmark und bei Bedarf etwas Wasser und Zucker dazugeben. Mindestens 15 Minuten köcheln lassen, bis die Sauce sämig ist. Mit Kräutersalz und Pfeffer abschmecken.

➥ **TIPP:** Passt gut zu Nudel- und Maisgerichten.

Tomatenvinaigrette

Zutaten:

- 500 g reife Tomaten
- 2 Knoblauchzehen, zerdrückt
- 2 EL Apfelessig
- 4 EL Olivenöl
- 2 EL frisches Basilikum (oder Petersilie), gehackt
- 1 TL Honig
- Kräutersalz
- schwarzer Pfeffer, frisch gemahlen

Zubereitung:

Die Tomaten mit kochendem Wasser überbrühen, enthäuten und in Stücke schneiden.

Mit den restlichen Zutaten im Mixer pürieren. Mit Kräutersalz und Pfeffer abschmecken.

➥ **TIPPS:** Schmeckt ganz fantastisch, wenn Sie die Vinaigrette über frisch gedünstetes Gemüse (z. B. Fenchel, Chicoree, Zucchini, Romanesco) gießen und kurz ziehen lassen. Lauwarm genießen!

Die Vinaigrette ist auch eine köstliche, ausgleichende Ergänzung zu Avocados (gewürfelt).

Joghurtsauce mit Kräutern

Zutaten:

- 125 ml Joghurt (3,6 %)
- 125 ml Sauerrahm
- 1–2 Knoblauchzehen, gepresst
- 1 EL Olivenöl
- 2–3 EL frische Kräuter, gehackt (Dill, Basilikum, Schnittlauch, Kerbel, Petersilie)
- etwas Zitronensaft oder Essig
- 1 TL Honig
- Kräutersalz

Zubereitung:

Alle Zutaten gut miteinander verrühren.

➥ **TIPP:** Passt zu fast allem, erfrischt und fördert gleichzeitig die Verdauung.

Joghurtsauce »orientalisch«

Zutaten:

- 125 ml Joghurt (3,6 %)
- 125 ml Sauerrahm
- 3 EL Tahin-Paste
- 1 TL Sesamöl, geröstet
- 1 TL Gomasio
- 1/2 TL Kreuzkümmel, gemahlen
- 1/2 TL Koriander, gemahlen
- 1 Prise Kardamom, gemahlen
- 1 Prise Gelbwurz, gemahlen
- 1 Prise langer Pfeffer, gemahlen
- 1 TL Zitronensaft

Zubereitung:
Alle Zutaten gut miteinander verrühren.

➡ TIPP: Schmeckt köstlich zu Reis- und Gemüsegerichten.

☛ Hinweise:
Tahin-Paste ist eine dicke, glatte Paste aus gerösteter, gemahlener Sesamsaat.

Gomasio ist ein traditionelles asiatisches Würzmittel und besteht aus Meersalz und Sesamsaat.

Joghurtsauce »steirisch«

Zutaten:

- 125 ml Joghurt (3,6 %)
- 125 ml Sauerrahm
- 3 EL Kürbiskerne, geröstet und fein gehackt
- 1 EL steirisches Kürbiskernöl
- 1 EL Petersilie, fein gehackt
- 1 TL Apfelessig
- Salz
- schwarzer Pfeffer, frisch gemahlen

Zubereitung:

Alle Zutaten gut miteinander verrühren.

➠ **TIPP:** Passt zu pikanten Getreidegerichten, Laibchen und als Dip für Gemüse. Oder ganz schlicht zu gekochten Kartoffeln.

☛ **Hinweis:**

Steirisches Kürbiskernöl ist eine österreichische Delikatesse. Ein sehr würzig schmeckendes, dunkles Öl, das aus gerösteten Kürbiskernen gepresst wird. Es schmeckt hervorragend zu Salaten und wird als Würzmittel für Suppen und Gemüse verwendet.

Joghurt-Curry-Sauce

Zutaten:

- 125 ml Joghurt
- 125 ml Sauerrahm
- 1 EL Zitronensaft
- 1 EL Sesamöl
- 1 TL Curry-Mischung
- 1 TL Honig
- Kräutersalz

Zubereitung:
Alle Zutaten zu einer Creme verrühren.

➡ TIPP: Mit etwas Wasser verdünnt, eignet sich diese Sauce hervorragend als Dressing, z. B. für Blumenkohl, Romanesco und Reissalat.

Süße Saucen und Pürees

Diese süßen Saucen passen besonders gut zu allen süßen Getreideaufläufen.

Apfelsauce mit Ingwer

Zutaten:

- 4 Äpfel, geschält, entkernt und klein geschnitten
- 250 ml Wasser oder Apfelsaft
- 1 Zimtstange
- $^1/_2$–1 TL frischer Ingwer, klein gehackt (ersatzweise Ingwerpulver)
- 3 Gewürznelken
- etwas Zitronenschale
- etwas Honig (oder Zuckerrohrgranulat)
- Zitronensaft

Zubereitung:

Die Äpfel mit Wasser oder Apfelsaft und den Gewürzen weich dünsten. Danach Zimtstange, Gewürznelken und Zitronenschale entfernen.

Die Äpfel pürieren und abkühlen lassen. Mit Honig oder Zuckerrohrgranulat und Zitronensaft abschmecken.

➥ **TIPPS:** Diese Sauce können Sie auch aus Aprikosen, Pfirsichen, Kirschen oder Pflaumen zubereiten.

Aus ayurvedischer Sicht sollten Sie für Vata und Pitta die Sauce mit ein paar Esslöffeln Sahne sämiger machen.

Wenn Sie das Obst nicht pürieren, können Sie es als köstliches Kompott zum Dessert reichen oder zu süßen Getreidegerichten servieren.

Fruchtsauce aus Dörrobst

Zutaten:

- 250 g gemischte Trockenfrüchte (Feigen, Aprikosen, Zwetschgen)
- 250 ml Apfelsaft oder Wasser
- 1 Prise Zimtpulver
- 1 Prise Kardamom, gemahlen
- Zitronensaft
- etwas Rum nach Belieben

Zubereitung:

Die Trockenfrüchte in der Flüssigkeit gar kochen. Anschließend Zimt und Kardamom hinzufügen, alles pürieren und mit Zitronensaft und Rum abschmecken, eventuell noch etwas verdünnen.

Beerensauce

Zutaten:

- 400 g frische oder TK-Beeren (am besten Himbeeren)
- $^1/_2$ Tasse Wasser
- 3 EL Zuckerrohrgranulat

Zubereitung:

Die Beeren mit Wasser und Zuckerrohrgranulat kurz aufkochen lassen, anschließend pürieren. Wenn es ganz fein sein soll, die Beerencreme durch ein Sieb streichen.

Vanillesauce

Zutaten:

- 500 ml Milch (oder Reis- oder Haferdrink)
- 1 Zimtstange
- 1/2 Vanilleschote, der Länge nach aufgeschnitten (oder 1/2 TL Vanillepulver)
- 3 EL Reismehl
- 125 ml Sahne
- 1 EL Zuckerrohrgranulat
- etwas Rum nach Belieben

Zubereitung:

Die Milch mit Zimt und Vanille aufkochen lassen. Das in etwas kaltem Wasser angerührte Reismehl sorgfältig unterrühren und zwei Minuten kochen. Abkühlen lassen (danach Vanilleschote entfernen).

Die Sahne mit dem Zuckerrohrgranulat steif schlagen und unterheben. Nach Belieben mit Rum abschmecken.

➥ **TIPP:** Ayurvedisch betrachtet ist die Vanillesauce ideal, um Vata zu reduzieren.

Köstliche Chutneys

Chutneys sind dicke, marmeladenähnliche Saucen aus Früchten und Gewürzen. Sie haben einen ausgeprägten, meist süß-sauren, manchmal auch sehr scharfen Eigengeschmack. Besonders gut eignen sie sich als anregende Ergänzung zu einfachen, mild zubereiteten Getreidegerichten wie Basmatireis und Bulgur.

Bei einer »ayurvedischen Tafel« für mehrere Personen steht beispielsweise eine Schüssel Basmatireis im Mittelpunkt, darum gruppiert ein Dhal (eine Speise aus Hülsenfrüchten), verschiedene Gemüsegerichte, Chutneys, Dips und Raitas (erfrischende Beilagen mit Joghurt).

Diese Auswahl ermöglicht jedem Esser eine individuelle Zusammenstellung seines Mahles.

Aprikosen-Chutney

Zutaten:

- 1 TL frischer Ingwer, gehackt
- 1 Prise Zimtpulver
- 1 Prise Nelkenpulver
- 1 EL Ghee
- 125 ml Wasser
- 100 g getrocknete Aprikosen, klein gehackt
- 2 TL Zuckerrohrgranulat
- 1 Apfel, geschält und gewürfelt
- 1 Banane, klein geschnitten

Zubereitung:

Die Gewürze in Ghee anrösten. Wasser, Aprikosen und Zuckerrohrgranulat hinzufügen, kurz kochen, dann Apfel und Banane zugeben und alles weich dünsten. Abgekühlt servieren.

Kokos-Raita

Zutaten:

- 1 Tasse Kokosraspel
- $^1/_2$ Tasse heißes Wasser
- 2 TL Zuckerrohrgranulat
- 125 ml Joghurt
- Salz
- 1 Prise Cayennepfeffer (für Vata und Kapha)

Zubereitung:

Kokosraspel etwa 30 Minuten in heißem Wasser einweichen. Anschließend alle Zutaten im Mixer zu einer Creme pürieren. Mit Salz und Cayennepfeffer abschmecken.

Petersilien-Raita

Zutaten:

- 100 g Cashewnüsse
- 2 Bund Petersilie
- 125 ml Joghurt
- 2 TL Zuckerrohrgranulat
- $^1/_2$ TL Salz
- 2 TL Zitronensaft
- 1 Prise Cayennepfeffer

Zubereitung:

Cashewkerne für eine Stunde in Wasser einweichen. Danach klein hacken. Petersilie ebenfalls hacken. Anschließend alle Zutaten im Mixer zu einer Creme pürieren. Mit Salz, Zitronensaft und Cayennepfeffer abschmecken.

Tomaten-Dip

Zutaten:

- 2 TL frischer Ingwer, fein gehackt
- 1 TL Kreuzkümmel, gemahlen
- 1 EL Ghee
- 500 g Tomaten, geschält und klein geschnitten
- 1 EL Zuckerrohrgranulat
- Salz
- $^1/_2$ TL Zimtpulver
- 1 Prise Nelkenpulver
- 1 Prise Kardamom, gemahlen
- schwarzer Pfeffer, frisch gemahlen
- Garam Masala

Zubereitung:
Ingwer und Kreuzkümmel in Ghee kurz anrösten. Tomaten, Zuckerrohrgranulat und Gewürze hinzufügen, zum Kochen bringen. Köcheln, bis die Sauce etwas eindickt. Mit Garam Masala abschmecken und abgekühlt servieren.

Apfel-Chutney

Zutaten:

- 3–4 Äpfel
- 2 EL Rohrohrzucker
- 1 Prise Kardamom, gemahlen
- 1 Prise Anis oder $^{1}/_{2}$ Prise Sternanis, gemahlen
- 1 TL geriebene Zitronenschale
- Saft von 2 Orangen

Zubereitung:
Die Äpfel schälen, vom Kerngehäuse befreien und achteln. Den Zucker in einem Topf erhitzen (karamellisieren). Äpfel und Gewürze zugeben, mit Orangensaft aufgießen. Sehr weich dünsten, bei Bedarf etwas Wasser nachgießen. Abgekühlt servieren.

➥ **TIPP:** Dieses Chutney kann auch mit frischer Ananas (gewürfelt), Beeren oder eingeweichtem Trockenobst (zum Trockenobst sollte Zitronensaft zugefügt werden, um die Süße auszugleichen) zubereitet werden.

Man kann es auch als Marmelade verwenden oder mit einem Klecks Sahne als Dessert (mit etwas Cointreau verfeinert) reichen.

Möhren-Raita

Zutaten:

- 1 EL Ghee
- 1 TL schwarze Senfsamen
- $^1/_2$ TL Curry-Mischung
- 1 Prise Nelkenpulver
- 1 Peperoni, gehackt
- 1 TL Zuckerrohrgranulat
- 250 g Möhren, grob geraspelt
- 125 ml Joghurt
- Salz
- schwarzer Pfeffer, gemahlen
- 1 TL Zitronensaft
- Petersilie oder Minze

Zubereitung:

Das Ghee erhitzen, die Senfsamen anrösten, bis sie zu platzen beginnen. Dann die restlichen Gewürze, Peperoni, Zuckerrohrgranulat und Möhren hinzufügen und bissfest dünsten. Abgekühlt mit Joghurt mischen, mit Salz, Pfeffer und Zitronensaft abschmecken. Gekühlt servieren. Nach Belieben mit Petersilie oder Minze garnieren.

Gurken-Raita

Zutaten:

- 1 große Salatgurke
- 2 EL Zwiebeln, fein gehackt
- 250 ml Joghurt
- 1 EL Oliven- oder Sonnenblumenöl
- $^{1}/_{4}$ TL Kreuzkümmel, gemahlen
- 1 EL frische Korianderblätter, Dill oder Kresse, fein gehackt

Zubereitung:

Die Gurke schälen und grob raspeln, mit Zwiebeln, Joghurt und Öl vermischen. Kreuzkümmel und Kräuter unterrühren. Gut durchziehen lassen und gekühlt servieren.

Bananen-Raita

Zutaten:

- 1 TL Ghee
- 1 TL Kreuzkümmel, gemahlen
- $^{1}/_{2}$ TL Koriander, gemahlen
- 1 Prise Kardamom, gemahlen
- 2 reife Bananen
- 250 ml Joghurt

Zubereitung:

Das Ghee erhitzen, die Gewürze darin unter Rühren kurz anrösten. Die Bananen schälen, zu Mus zerdrücken und untermischen. Den Topf vom Herd nehmen. Abkühlen lassen. Joghurt unterrühren und kalt stellen.

Das folgende Pesto hält im Kühlschrank einige Tage. Es verfeinert wunderbar einfache Gemüsegerichte und -suppen, besonders bei Vata-Konstitution.

Nusspesto

Zutaten:

- 100 g Wal- oder Haselnüsse
- 50 g Pinienkerne
- 1–2 Knoblauchzehen, gepresst
- 2 EL Basilikum oder Petersilie, fein gehackt
- 2–3 EL Olivenöl
- 100 g Ricotta oder Crème fraîche
- Salz
- schwarzer Pfeffer, frisch gemahlen
- 2 EL Parmesan (nach Belieben)

Zubereitung:

Nüsse und Pinienkerne ohne Fett in einer Pfanne anrösten. Abkühlen lassen. Anschließend im Mixer zerkleinern, restliche Zutaten hinzufügen und cremig rühren. Mit 2–3 EL heißem Wasser verdünnen.

Erfrischende Salate

Rohes Gemüse ist kühl. Bevor es »Agni«, unserem Verdauungsfeuer, begegnet, hat es noch keine thermische Behandlung hinter sich, noch keine Begegnung mit dem Element »Feuer« (abgesehen von der Sonnenbestrahlung, die sein Wachstum ermöglichte). So ist Hitze nötig, um die Verdauung anzuregen.

Achten Sie auf Ihre persönlichen Bedürfnisse:

- *Wenn Sie zu vermehrtem Vata mit Blähungen und Kältegefühlen neigen:*
  Raspeln Sie das Gemüse sehr fein und verwenden Sie ausreichend Fett für die Marinade. Wechseln Sie Rohkost mit Salaten aus gekochtem Gemüse ab.
- *Wenn Sie zu starkem Pitta neigen:*
  Bereiten Sie die Marinaden mäßig gesäuert und gewürzt zu.
- *Wenn Sie zur Ansammlung von Kapha neigen:*
  Essen Sie Rohkost – vor allem Wurzelgemüse – nur zu Mittag (= Pitta-Tageszeit).
- *Wenn Ihr Agni im richtigen Maß vor sich hinlodert:*
  Greifen Sie herzhaft zu bei den nun folgenden Gaumenfreuden.

➡ **TIPP:** Wenn Sie gern und viel Salat essen, können Sie Ihre Marinade für einige Tage im Voraus zubereiten und im Kühlschrank aufbewahren. Die frischen Kräuter sollten Sie erst kurz vor der Verwendung hinzufügen.

Kohlrabi-Radieschen-Salat

Zutaten:
- 4 kleine Kohlrabi, geschält und geraspelt
- 1 Bund Radieschen, geraspelt

Für die Marinade:
- 2 EL Apfelessig oder Zitronensaft
- 3 EL Olivenöl
- Kräutersalz
- 2 EL Dill, fein gehackt

Zubereitung:
Die Zutaten für die Marinade gut miteinander verrühren und mit dem geraspelten Gemüse vermischen.

➡ TIPP: Ayurvedisch betrachtet: Für Vata das Gemüse fein raspeln; für Pitta Zitronensaft statt Essig verwenden.

Rote-Rüben-Rohkost mit Äpfeln

Zutaten:
- 1 große rote Rübe, geschält und fein geraspelt
- 2 Äpfel, geschält und grob geraspelt

Für die Marinade:
- 2 EL Apfelessig
- 3 EL Sonnenblumenöl
- etwas Wasser
- $^1/_2$–1 TL Kümmel, gemahlen
- 1 Prise Nelkenpulver
- schwarzer Pfeffer, frisch gemahlen

Zubereitung:
Die Zutaten für die Marinade gut miteinander verrühren, mit den roten Rüben und Äpfeln vermischen.

Möhrenrohkost

Zutaten:

- 250 g Möhren, geschält und fein geraspelt
- 1 EL Zitronensaft
- 1 EL Kerbel oder Petersilie, fein gehackt

Für die Marinade:

- 1 EL Apfelessig
- 1 TL Honig
- 2 EL Sonnenblumen- oder Rapsöl
- etwas Wasser
- Kräutersalz
- schwarzer Pfeffer, frisch gemahlen

Zubereitung:
Die geraspelten Möhren sofort mit dem Zitronensaft vermischen. Die Zutaten für die Marinade gut miteinander verrühren und anschließend mit den Möhren und der Petersilie gründlich vermischen.

Möhren-Orangen-Salat

Zutaten:

- 250 g Möhren, geschält und fein geraspelt
- 2 TL Zitronensaft
- 2 EL Kokosflocken

Für die Marinade:

- Saft von 1 Orange
- 1 TL Honig
- $^1/_2$ TL geriebene Orangenschale
- 2 EL Walnussöl
- Salz
- schwarzer Pfeffer, frisch gemahlen

Zubereitung:

Die geraspelten Möhren sofort mit dem Zitronensaft vermischen. Die Zutaten für die Marinade gut miteinander verrühren und mit den Möhren mischen. Die Kokosflocken in einer Pfanne (ohne Fett) kurz anrösten und über den Salat streuen.

Sellerierohkost

- 1 kleine Sellerieknolle, geschält und fein geraspelt
- 2 Äpfel, grob geraspelt
- 1–2 EL Petersilie, fein gehackt

Für die Marinade:

- 1 EL Zitronensaft
- Saft von 1 Orange
- 3 EL Walnuss- oder Olivenöl
- 1 TL Honig
- Salz
- schwarzer oder weißer Pfeffer

Zubereitung:
Die Zutaten für die Marinade gut miteinander verrühren. Selleric- und Apfelraspel sofort mit der Marinade vermischen (diese Mischung bräunt sonst rasch). Mit Petersilie bestreut servieren.

Rotkohl-Apfel-Salat

Zutaten:

- 1 kleiner Rotkohl
- 2 Äpfel (ungeschält)

Für die Marinade:

- 3 EL Apfelessig
- 4 EL Olivenöl
- etwas Wasser
- 1 TL Honig
- 1 TL Kümmel, gemahlen
- 1 Prise Piment- oder Nelkenpulver
- Salz
- schwarzer Pfeffer, frisch gemahlen

Zubereitung:
Den Rotkohl vierteln und den Strunk entfernen. Sehr fein hobeln, mit etwas Salz bestreuen. Gründlich durchkneten und 15 Minuten ruhen lassen, der Rotkohl wird dadurch weicher.

Die Äpfel raspeln und mit dem Rotkohl vermischen.

Die Zutaten für die Marinade gut miteinander verrühren und mit der Kraut-Apfel-Mischung vermengen. Mindestens 1 Stunde ziehen lassen. Nach dieser Zeit hat das Kraut den Geschmack der Marinade aufgenommen und Sie müssen eventuell nachwürzen.

Weißkohlsalat

Zutaten:

- 1 kleiner Weißkohl
- 2 EL Petersilie, fein gehackt

Für die Marinade:

- 3 EL Apfelessig
- 4 EL Sonnenblumenöl
- etwas Wasser
- 1–2 Knoblauchzehen, gepresst
- 1 TL Honig
- 1 TL Kümmel oder Kreuzkümmel, gemahlen
- Kräutersalz

Zubereitung:

Den Weißkohl vierteln und den Strunk entfernen, fein hobeln, mit etwas Salz bestreuen. Gründlich durchkneten und 15 Minuten ruhen lassen, der Weißkohl wird dadurch weicher.

Die Zutaten für die Marinade gut miteinander verrühren und mit dem Kohl und der Petersilie vermischen. Mindestens 1 Stunde ziehen lassen. Vor dem Servieren eventuell nachwürzen.

➥ **TIPPS:** Der Weißkohl wird weicher und leicht verdaulich, wenn Sie ihn blanchieren. Kochen Sie dafür 250 ml Wasser mit einem Teelöffel Salz und zwei Esslöffel Apfelessig auf, gießen Sie diese Mischung über den Kohl und lassen ihn zehn Minuten ziehen, bevor Sie die Flüssigkeit abseihen. Dann wird der Kohl laut Rezept mariniert.

Er schmeckt köstlich, wenn man ihn lauwarm serviert und mit gerösteten Räuchertofu-Würfeln bestreut.

Zucchinisalat mit Joghurtdressing

Zutaten:

- 500 g Zucchini, grob geraspelt
- 1 EL Petersilie oder Dill, fein gehackt
- 1 Tomate, geachtelt

Für die Marinade:

- 125 ml Joghurt oder Sauerrahm
- 2 TL Zitronensaft
- 2 EL Olivenöl
- 1 TL Honig
- Salz
- schwarzer Pfeffer, frisch gemahlen

Zubereitung:

Die Zutaten für die Marinade gut miteinander verrühren und mit den geraspelten Zucchini vermischen. Mit Petersilie oder Dill bestreuen und mit Tomatenachteln garnieren.

Sauerkrautsalat mit Äpfeln

Zutaten:
- 250 g mildes Sauerkraut, klein geschnitten
- 2 Äpfel, geschält und geraspelt

Für die Marinade:
- 2 TL Honig
- 2 EL Sonnenblumenöl
- etwas Wasser
- 1 EL Petersilie, gehackt
- $^{1}/_{4}$ TL Kümmel, gemahlen
- $^{1}/_{4}$ TL Wacholderbeeren, zerstoßen

Zubereitung:
Die Zutaten für die Marinade gut miteinander verrühren und mit dem Sauerkraut und den Äpfeln vermischen. 30 Minuten ziehen lassen. Je nach Sorte des Sauerkrauts kann es nötig sein, mit Salz und Essig nachzuwürzen.

Rote-Rüben-Salat

Zutaten:
- 500 g rote Rüben
- 1 EL Petersilie oder Dill, fein gehackt

Für die Marinade:
- 2 EL Apfelessig
- 2 EL Distel- oder Olivenöl
- etwas Wasser
- Salz
- 1 EL Meerrettich, gerieben (oder 1 Prise Nelkenpulver und 1 Prise Kümmel)

Zubereitung:
Die roten Rüben gut abbürsten, in einem Dampfkochtopf gar kochen. Anschließend schälen und in Scheiben schneiden.

Die Zutaten für die Marinade gut miteinander verrühren und mit den roten Rüben vermischen. Mindestens 1 Stunde ziehen lassen. Mit Petersilie bestreut servieren.

Kartoffelsalat

Zutaten:

- 1 kg fest kochende Kartoffeln
- $^1/_2$ TL Majoran
- 1 Prise Kümmel, gemahlen
- 250 ml heiße Gemüsebrühe
- 1 Knoblauchzehe, gepresst
- 2 EL Petersilie, gehackt
- 4 EL Oliven- oder Sonnenblumenöl
- 3 EL Apfelessig
- 1 TL Honig
- schwarzer Pfeffer, frisch gemahlen
- 1 TL Senf

Zubereitung:
Die Kartoffeln gut abspülen, anschließend mit der Schale gar kochen. Kartoffeln schälen und in Scheiben schneiden. Mit Majoran und Kümmel bestreuen und mit der heißen Gemüsebrühe übergießen.

Aus den restlichen Zutaten eine Marinade rühren, zu den Kartoffeln geben und alles gründlich mischen. Einige Stunden ziehen lassen. Eventuell nachwürzen (Kartoffel mögen es kräftig, sie nehmen viel Salz und Gewürze auf).

Salat aus schwarzen Bohnen

Zutaten:

- 250 g schwarze Bohnen
- 1 TL Oregano
- 1 TL Bohnenkraut
- 1 Lorbeerblatt
- 3 Frühlingszwiebeln, in Ringe geschnitten
- $^1/_2$ rote und $^1/_2$ gelbe Paprikaschote, klein gewürfelt

Für die Marinade:

- 2 EL Apfelessig
- 6 EL Olivenöl
- 1 Knoblauchzehe, gepresst
- 1 TL Senf
- 1 TL Honig
- schwarzer Pfeffer, frisch gemahlen

Zubereitung:

Die Bohnen über Nacht einweichen. Am nächsten Tag mit frischem Wasser, Oregano, Bohnenkraut und Lorbeerblatt bissfest garen. Die Bohnen zum Abtropfen in ein Sieb geben, dabei einen Teil des Kochwassers auffangen, um bei Bedarf die Marinade damit zu verdünnen.

Die Zutaten für die Marinade gut miteinander verrühren, mit den Bohnen und den Frühlingszwiebeln vermischen. Einige Zeit durchziehen lassen (wenn Sie die Marinade mit den noch warmen Bohnen vermischen, intensiviert sich der Geschmack rascher), eventuell nachwürzen.

Vor dem Servieren die Paprikawürfel unterheben.

Mungbohnensalat

Zutaten:

- 250 g Mungbohnen
- 1 Lorbeerblatt
- 4 Pimentkörner
- 2 Scheiben Ingwerwurzel, 5 mm dick

Für die Marinade:

- 6 EL Raps- oder Olivenöl
- 2 EL Apfelessig
- 1 TL Honig
- $^{1}/_{2}$ Kreuzkümmel, gemahlen
- Salz
- schwarzer Pfeffer, frisch gemahlen

Zubereitung:

Die Mungbohnen einige Stunden in kaltem Wasser einweichen. Wasser abgießen, Bohnen gründlich waschen und in frischem Wasser mit Lorbeerblatt, Piment und Ingwer kernig gar kochen, (ca. 20 Minuten). Gegen Ende der Kochzeit auf die Mungbohnen achten, da sie ab einem gewissen Moment sehr rasch zu weich werden können.

Die Bohnen zum Abtropfen in ein Sieb geben und die mitgekochten Gewürze entfernen. Etwas vom Kochwasser auffangen, um bei Bedarf die Marinade damit zu verdünnen.

Die Zutaten für die Marinade gut miteinander verrühren und mit den noch warmen Bohnen vermischen.

Mit schwarzem Pfeffer bestreuen und lauwarm servieren.

Linsensalat

Zutaten:

- 250 g braune Linsen
- 1/2 TL Oregano
- 1/2 TL Thymian
- 1/2 TL Rosmarin
- 1 Lorbeerblatt

Für die Marinade:

- 6 EL Olivenöl
- 2 EL Apfelessig
- 1 TL Ganzkornsenf
- 1/2 frische Chilischote, gehackt
- Salz

Zubereitung:

Die Linsen waschen, zusammen mit den Kräutern in frischem Wasser gar kochen. Zum Abtropfen in ein Sieb geben, etwas vom Kochwasser auffangen, um bei Bedarf die Marinade damit zu verdünnen.

Die Zutaten für die Marinade gut miteinander vermischen und mit den Linsen verrühren. Gut durchziehen lassen, eventuell nachwürzen.

Rettichsalat

Zutaten:

- 2 große schwarze Rettiche
- 1 Apfel
- 2 EL Petersilie, fein gehackt

Für die Marinade I:

- 2 EL Sonnenblumenöl
- 2 EL Apfelessig
- 1 TL Honig
- Kräutersalz

Für die Marinade II:

Eignet sich besonders für den Fall extremer Rettich-Schärfe, die durch die Joghurt-Rahm-Mischung gemildert wird.

- 125 g Joghurt (3,6 %) oder Sauerrahm
- 1 EL milder Balsamico
- Distel- oder Sonnenblumenöl
- 1 TL Honig

Zubereitung:

Rettiche schälen und fein raspeln. Apfel schälen und ebenfalls raspeln.

Die Zutaten für die Marinade gut miteinander verrühren, mit Rettich und Apfel vermischen, mit Petersilie bestreuen.

Kichererbsensalat

Zutaten:

- 250 g Kichererbsen
- 1 Knoblauchzehe, gehackt
- 2 Lorbeerblätter
- $^1/_2$ TL Bohnenkraut

Für die Marinade:

- 6 EL Oliven- oder Sesamöl
- 2 EL Zitronensaft
- 2 EL frische Kräuter, gehackt (Petersilie, Schnittlauch, Dill)
- Kräutersalz

Zubereitung:

Die Kichererbsen über Nacht einweichen. Am nächsten Tag gut waschen, mit frischem Wasser und Gewürzen gar kochen. Die Kichererbsen zum Abtropfen in ein Sieb geben. Etwas vom Kochwasser auffangen, um bei Bedarf die Marinade damit zu verdünnen.

Die Zutaten für die Marinade gut miteinander verrühren, mit den Kichererbsen mischen.

Ziehen lassen, bei Bedarf nachwürzen. Mit frischen Kräutern bestreut servieren.

Feldsalat mit Champignons

Zutaten:

- 150 g Feldsalat
- 5 große Champignons
- 2 EL gehackte Walnüsse

Für die Marinade:

- Saft von 1 Orange
- 1 TL Orangenschale, gehackt (unbehandelt)
- 1 EL Zitronensaft
- 1–2 EL Apfelessig
- 4 EL Olivenöl
- 2 EL Petersilie, fein gehackt
- 1 TL Honig
- 1 TL Senf
- Salz
- schwarzer Pfeffer, frisch gemahlen

Zubereitung:

Den Salat waschen und trockentupfen. Die Champignons blättrig schneiden und mit dem Salat mischen.

Aus den restlichen Zutaten eine Marinade rühren und erst unmittelbar vor dem Servieren über den Salat gießen (Blattsalat fällt leicht zusammen).

Mit den Walnüssen bestreuen.

Gemischter Salat

Zutaten:

- 1 Kopf Eissalat
- 1 kleiner Radicchio
- 1 Bund Radieschen
- 2–3 Frühlingszwiebeln
- 5 EL gekochte Maiskörner
- 1 rote Paprikaschote
- 2 EL frische Kräuter (Dill, Petersilie, Basilikum, Schnittlauch)

Zubereitung:

Eissalat und Radicchio waschen und trockentupfen. Anschließend in mundgerechte Stücke zupfen, Radieschen in Scheiben, Frühlingszwiebeln in Ringe und Paprika in Streifen schneiden.

Alles mit Maiskörnern und Kräutern mischen.

Mit einem Dressing Ihrer Wahl servieren.

Aromatische Dressings

Viele Dressings eignen sich nicht nur für Salate, sondern auch für gedünstetes Gemüse (z. B. Fenchel, Chicoree, Brokkoli). Das Aroma kommt besonders gut zum Ausdruck, wenn Sie die Speisen noch lauwarm genießen.

Standarddressing der Kräuterdrogerie

Zutaten:

- 2 EL Apfelessig
- 1–2 EL Wasser
- 1 TL Honig
- 3 EL Oliven- oder Sonnenblumenöl
- 1/2 TL Kräutersalz
- 2 EL frische Kräuter, fein gehackt

Zubereitung:

Alle Zutaten mit dem Schneebesen oder im Mixer gut verrühren.

Italienisches Dressing

Zutaten:

- 3 EL Balsamico
- 6 EL Olivenöl
- 1 Knoblauchzehe, gepresst
- schwarzer Pfeffer, frisch gemahlen

Zubereitung:
Alle Zutaten mit dem Schneebesen oder im Mixer gut verrühren.

➡ **TIPP:** Passt gut zu Tomaten, grünem Salat, Artischocken und Brokkoli.

Nussmusdressing

Zutaten:

- 2 EL Tahin-Paste oder Nussmus
- 2 EL Zitronensaft
- 1 Knoblauchzehe, gepresst
- 1 EL Petersilie, fein gehackt
- etwas lauwarmes Wasser
- 1 Prise Kreuzkümmel, gemahlen
- 1 Prise Cayennepfeffer
- Salz
- schwarzer Pfeffer, frisch gemahlen

Zubereitung:
Alle Zutaten mit dem Schneebesen gut miteinander verrühren.

➡ **TIPP:** Passt gut zu Blattsalaten, Blumenkohl, Brokkoli und gedünsteten Möhren.

Kürbiskerndressing

Zutaten:

- 5 EL Kürbiskerne, gehackt
- 1 Bund Petersilie, grob gehackt
- $1/2$ Tasse Wasser
- 1 Knoblauchzehe, gepresst
- 2 EL Kürbiskernöl
- 2 EL Zitronensaft
- $1/2$ TL Kräutersalz
- schwarzer Pfeffer, frisch gemahlen

Zubereitung:
Alle Zutaten im Mixer pürieren.

➥ **TIPP:** Passt gut zu Blattsalaten, Kartoffeln und Möhrenrohkost.

Dressing mit Kräutern der Provence

Zutaten:

- 2 EL Apfelessig
- 3 EL Olivenöl
- etwas Wasser
- 1 TL Honig
- 1 Knoblauchzehe, gepresst
- 1 TL Senf
- 1 TL Kräuter der Provence

Zubereitung:
Alle Zutaten mit dem Schneebesen oder im Mixer verrühren.

➥ **TIPP:** Passt zu Blattsalaten, Zucchini, grünen Bohnen.

Sesam-Sahne-Dressing

Zutaten:

- 3 EL Sesamöl
- 1 EL geröstetes Sesamöl
- 3 EL Sahne
- 2 EL Tamari

Zubereitung:
Alle Zutaten mit dem Schneebesen oder im Mixer gut verrühren.

➥ **TIPP:** Passt gut zu Sojasprossen, Möhren, Paprika, Blattsalaten und gebratenem Tofu.

Dressing mit Pinienkernen

Zutaten:

- 100 g Pinienkerne
- 2 Schalotten, fein gehackt
- 1 Knoblauchzehe, gepresst
- 6 EL Olivenöl
- 3 EL milder Weinessig
- Salz
- schwarzer oder weißer Pfeffer, frisch gemahlen

Zubereitung:
Die Pinienkerne ohne Fett in einer Pfanne leicht anrösten. Abkühlen lassen, anschließend mit den übrigen Zutaten im Mixer pürieren.

➥ **TIPP:** Passt gut zu allen Blattsalaten.

Vorspeisen und kleine Speisen fürs Buffet

Schnell zubereitet – auch gut im Voraus – bereichern die folgenden Gerichte jede Mahlzeit.

Chinakohl-Cocktail

Zutaten:

- 500 g Chinakohl, in feine Streifen geschnitten
- 1 Apfel, mit Schale, gewürfelt
- 1 Birne, mit Schale, gewürfelt
- 2 Mandarinen oder Orangen, geschält und gewürfelt
- 100 g Weintrauben, blau oder grün
- 3 EL Sonnenblumenkerne, ohne Fett angeröstet

Für das Dressing:

- Saft von 1 Zitrone
- 125 ml Joghurt
- 125 ml Sauerrahm
- 3 EL Olivenöl
- Salz
- schwarzer Pfeffer, frisch gemahlen
- 1–2 TL Honig
- 3 EL Petersilie, fein gehackt

Zubereitung:
Den Chinakohl mit den Früchten gut vermischen.

Die Zutaten des Dressings gut miteinander verrühren und darüber gießen. Mit Sonnenblumenkernen bestreut servieren.

Endiviensalat mit Austernpilzen

Zutaten:

- 1 kleiner Endiviensalat, in feine Streifen geschnitten
- 2 Möhren, grob geraspelt
- 250 g Austernpilze
- 2 EL Olivenöl oder Ghee
- Tamari
- 1 TL Zitronensaft
- schwarzer Pfeffer, frisch gemahlen
- 2 EL Dill, gehackt
- 2 EL Schnittlauch, fein geschnitten

Für das Dressing:

- 2 EL Balsamico
- 2 EL Olivenöl
- schwarzer Pfeffer, frisch gemahlen

Zubereitung:
Alle Zutaten für das Dressing gut verrühren und mit den Endivienstreifen und den geraspelten Möhren mischen.

Die Austernpilze in Öl oder Ghee bei relativ großer Hitze knusprig braten und mit Tamari, Zitronensaft und Pfeffer würzen. Noch warm über den Salat geben. Zum Schluss mit den Kräutern bestreuen.

Blattsalat mit rotem Paprika

Zutaten:

- Gemischte Blattsalate (z. B. Endivie, Lollo rosso, Radicchio)
- 2 rote Paprika, in Streifen geschnitten
- 4 EL Olivenöl
- 2 Knoblauchzehen, gepresst
- 2 EL Balsamico
- schwarzer Pfeffer, frisch gemahlen
- Salz
- Shoyu
- 2 EL frische Kräuter, gehackt (Petersilie, Basilikum, Dill)

Zubereitung:

Die Blattsalate waschen, trockentupfen und in mundgerechte Stücke teilen.

Paprika in Olivenöl bissfest dünsten, Knoblauch in den letzten Minuten mitbraten. Mit Essig ablöschen und mit Salz, Pfeffer und Shoyu würzen. Abkühlen lassen und dann mit den Kräutern vermischen.

Sprossensalat mit Walnussdressing

Zutaten:

- 1 Pck. Sojasprossen (ca. 2 Tassen)
- 1 Möhre, grob geraspelt
- 1 Zucchini, grob geraspelt
- 2 EL Walnüsse, gehackt

Für das Dressing:

- 3 EL Walnussöl
- 1/2 TL frischer Ingwer, fein gehackt
- 1 EL Zitronensaft
- 1 TL Honig
- Salz
- weißer Pfeffer, frisch gemahlen

Zubereitung:

Die Sojasprossen mit heißem Wasser kurz blanchieren, abgießen. Mit Möhre, Zucchini und Walnüssen vermischen.

Die Zutaten für das Dressing gut miteinander verrühren. Das Dressing über das Gemüse gießen und etwas durchziehen lassen.

Griechischer Melanzanisalat

Zutaten:

- 1 große Melanzane (Aubergine)
- 2 EL Olivenöl
- 1 EL Essig
- 1–2 Knoblauchzehen, gepresst
- 1 Bund Petersilie, fein gehackt
- Salz
- Cayennepfeffer
- Tamari

Zubereitung:
Melanzane mehrmals mit einer Gabel einstechen, bei 200 °C im Backofen garen, bis sie weich ist (ca. $^1/_2$ Stunde – die Zeit hängt von der Größe der Frucht ab). Etwas abkühlen lassen. Anschließend das Fruchtfleisch mit einem Löffel aus der Schale kratzen und mit allen anderen Zutaten im Mixer oder mit dem Pürierstab pürieren.

Blumenkohl-Sellerie-Cocktail

Zutaten:

- 1 Blumenkohl, in Röschen zerteilt
- 1 kleine Sellerieknolle, gewürfelt
- 2 Kartoffeln, geschält und gewürfelt
- etwas Gemüsebrühe
- 2 EL Petersilie, fein gehackt
- 1 EL Walnüsse, grob gehackt

Für das Dressing:

- 125 ml Joghurt
- 3 EL Mayonnaise oder Sonnenblumenöl
- 2 EL Apfelessig
- 1 TL Curry-Mischung
- Kräutersalz
- schwarzer Pfeffer, frisch gemahlen

Zubereitung:
Das vorbereitete Gemüse und die Kartoffeln in Gemüsebrühe bissfest garen.

Die Zutaten für das Dressing gut miteinander verrühren, mit dem Gemüse mischen, mit der Petersilie und den Nüssen bestreuen.

Gelbe Paprika mit schwarzen Oliven

Zutaten:

- 3 gelbe Paprika, in Streifen geschnitten
- 3 EL Olivenöl
- 2 Knoblauchzehen, gehackt
- 2 EL Weinessig
- Salz
- schwarzer Pfeffer, frisch gemahlen
- 100 g schwarze Kalamata-Oliven

Zubereitung:

Die Paprikastreifen in Olivenöl bissfest braten, zuletzt Knoblauch hinzufügen. Mit Essig ablöschen, salzen und pfeffern. Oliven untermischen. Einige Stunden ziehen lassen.

➥ TIPP: Ein sehr willkommenes »Mitbringsel« zu Festen.

Möhren in pikanter Marinade

Zutaten:

- 500 g Möhren
- 125 ml Gemüsebrühe
- 6 EL Olivenöl
- $^1/_2$ TL Paprikapulver edelsüß
- $^1/_2$ TL Kümmel, gemahlen
- 1–2 Knoblauchzehen, gepresst
- 1 EL Apfelessig
- schwarzer oder weißer Pfeffer, frisch gemahlen
- 2 EL Petersilie, fein gehackt

Zubereitung:

Möhren schälen und in 2 cm dicke Scheiben schneiden, in der Gemüsebrühe mit Öl, Paprikapulver und Kümmel bissfest dünsten. Topf vom Herd nehmen, Knoblauch, Essig, Salz und Pfeffer hinzufügen. Abkühlen lassen und mit Petersilie bestreuen. Einige Stunden bei Zimmertemperatur ziehen lassen.

➡ TIPP: Eine wunderbare Beilage bei erhöhtem Vata. Diese Gemüsevariation können Sie am Vorabend zubereiten und über Nacht stehen lassen.

Zucchini in Kräutermarinade

Zutaten:

- 500 g Zucchini
- 125 ml Gemüsebrühe
- 4 EL Olivenöl
- 1 EL Kräuter der Provence
- Salz
- schwarzer Pfeffer, frisch gemahlen
- 1 EL Zitronensaft

Zubereitung:

Zucchini waschen, trockentupfen und in 2 cm dicke Scheiben schneiden. Mit Gemüsebrühe, Öl und Kräutern der Provence bissfest garen. Salz, Pfeffer und Zitronensaft zufügen. Abkühlen lassen und servieren.

Marinierte Brokkoliröschen

Zutaten:

- 500 g Brokkoliröschen
- 125 ml Gemüsebrühe
- 1 EL Petersilie, fein gehackt
- 2 EL Kürbiskernöl
- 2 EL Balsamico
- Salz
- schwarzer Pfeffer, frisch gemahlen

Zubereitung:
Brokkoli in der Gemüsebrühe bissfest garen. Zum Abtropfen in ein Sieb geben und abkühlen lassen. Die restlichen Zutaten miteinander verrühren und über den Brokkoli gießen. Einige Stunden bei Zimmertemperatur ziehen lassen.

Buttermilchterrine

Zutaten:

- 2 gestr. EL Agar-Agar-Pulver
- 100 ml Wasser
- 400 ml Buttermilch
- 100 g frische Kräuter, gehackt (Basilikum, Schnittlauch, Kerbel, Petersilie, Dill)
- Kräutersalz
- weißer Pfeffer, frisch gemahlen
- 2–3 TL Zitronensaft
- 125 ml Sahne
- etwas Öl zum Bepinseln

Zubereitung:

Agar-Agar mit dem Wasser verrühren und 1–2 Minuten köcheln. Mit der Buttermilch, den Kräutern, Salz, Pfeffer und Zitronensaft vermischen. Sahne steif schlagen und unter die abgekühlte Masse heben. Kräftig abschmecken, da das Agar-Agar neutralisierend wirkt.

Eine Terrinen- oder Kastenform mit Frischhaltefolie auslegen und mit Öl bepinseln. Die Masse hineingießen und zugedeckt 3–4 Stunden im Kühlschrank fest werden lassen. Dann vorsichtig stürzen.

☛ **Hinweis:**

Agar-Agar ist ein pflanzliches Geliermittel, das aus Rotalgen hergestellt wird. Es ist mild, enthält keine Kalorien, aber viele Mineralstoffe und geliert rasch. Agar-Agar eignet sich zur Herstellung von feinem Gemüseaspik und leichten Fruchtgelees. Beim Einkochen von Marmelade kann es statt Pektin verwendet werden. Wenn Sie mit Agar-Agar kochen, können Sie für immer auf Gelatine verzichten. Die handelsüblichen Produkte variieren in ihrer Gelierfähigkeit. Achten Sie deshalb bitte auf die Packungsangaben.

Drei-Farben-Gemüseterrine

(etwas aufwändig, aber ein
optischer und geschmacklicher Genuss!)

Zutaten:

- 200 g Möhren
- 150 g Butter
- 600 ml kräftige Gemüsebrühe
- 3 EL Agar-Agar
- Salz
- roter Tabasco
- 3 x 125 ml Sahne
- 200 g Sellerie
- frisch gemahlener weißer Pfeffer
- etwas Zitronensaft
- 200 g Brokkoli
- grüner Tabasco

Zubereitung:

Die Möhren waschen und in Scheiben schneiden. Mit 50 g von der Butter in 200 ml Gemüsebrühe weich dünsten. Noch heiß pürieren. 1 Esslöffel Agar-Agar einrühren, kurz aufkochen, mit Salz und rotem Tabasco abschmecken. Die Masse abkühlen lassen und – bevor der Geliervorgang einsetzt – 125 ml geschlagene Sahne unterziehen.

Eine Terrinen- oder Kastenform mit Frischhaltefolie auslegen und mit Öl einstreichen. Die Möhrenmasse in die Form geben, glatt streichen.

Sellerie waschen und in kleine Stücke schneiden. Mit 50 g von der Butter in 200 ml Gemüsebrühe weich dünsten. Noch heiß pürieren. 1 Esslöffel Agar-Agar einrühren, kurz aufkochen, mit Salz, weißem Pfeffer und Zitronensaft abschmecken. Die Masse abkühlen lassen und – bevor der Geliervorgang einsetzt – 125 ml geschlagene Sahne unterziehen. Über die Möhrenmasse in die Form streichen.

Brokkoli gut abspülen. Brokkoliröschen und geschälte und klein geschnittene Brokkolistängel ebenfalls mit der restlichen Butter in 200 ml Gemüsebrühe weich dünsten. Noch heiß pürieren. 1 Esslöffel Agar-Agar einrühren, kurz aufkochen mit Salz und grünem Tabasco abschmecken. Die Masse abkühlen lassen und – bevor der Geliervorgang einsetzt – 125 ml geschlagene Sahne unterziehen. Über die Selleriemasse in die Form streichen. Abdecken und einige Stunden kühl stellen.

Stürzen und in Scheiben schneiden.

➥ **TIPP:** Diese Terrine eignet sich, von einem Blattsalat begleitet, gut als elegantes sommerliches Abendessen.

Spinat mit Joghurt

Zutaten:

- 500 g frischer oder TK-Blattspinat
- 250 ml Joghurt
- 1 EL scharfer Senf
- 2 Frühlingszwiebeln, in feine Ringe geschnitten
- 2 EL Dill, fein gehackt
- 1 Msp. Cayennepfeffer
- schwarzer Pfeffer, frisch gemahlen
- Tamari

Zubereitung:

Den frischen Spinat blanchieren. Den TK-Spinat auftauen lassen. Spinat klein schneiden. Mit den restlichen Zutaten vermischen und scharf abschmecken. Einige Stunden im Kühlschrank ziehen lassen.

Rote Paprika mit Kapern

Zutaten:

- 3 rote Paprikaschoten, in Streifen geschnitten
- 4 EL Olivenöl
- 2 Knoblauchzehen, fein gehackt
- 1 TL Oregano, frisch oder getrocknet
- 2 EL Balsamico
- 2 EL Kapern
- Salz
- schwarzer Pfeffer, frisch gemahlen

Zubereitung:

Die Paprikastreifen in Öl bissfest garen. Fünf Minuten vor Garende Knoblauch und Oregano dazugeben. Mit Essig ablöschen, die Kapern untermengen, salzen und pfeffern. Kühl stellen und kühl servieren.

Zucchini in Walnusscreme

Zutaten:

- 500 g Zucchini
- 1 EL Zitronensaft
- 250 ml Sahne
- 50 g Walnüsse, gerieben
- Kräutersalz
- schwarzer Pfeffer, frisch gemahlen
- einige Salatblätter
- einige Walnüsse

Zubereitung:
Zucchini waschen, trockentupfen und in feine Streifen schneiden, mit dem Zitronensaft vermischen.

Geriebene Nüsse, Salz und Pfeffer zu den Zucchinis geben. Sahne schlagen und unter die Zucchinis heben.

Auf Salatblättern anrichten, mit den ganzen Nüssen garnieren.

Pikante Zwiebelchen in Wein

Zutaten:

- 500 g Schalotten, geschält
- 1 Tasse Weißwein
- 1/2 Tasse Olivenöl
- 1/3 Tasse Apfelessig
- 1 Lorbeerblatt
- 1 TL Thymian
- 2 Knoblauchzehen, geschält
- 3 EL Tomatenmark
- 3/4 Tasse Sultaninen

Zubereitung:
Schalotten mit Wein, Öl, Essig, Gewürzen und Knoblauch in einen Topf geben, knapp mit Wasser bedecken und halb weich köcheln.

Tomatenmark und Sultaninen hinzufügen und alles zusammen weich schmoren. Abkühlen lassen.

➥ **TIPP:** Gut verschlossen halten die pikanten Zwiebelchen im Kühlschrank ein bis zwei Wochen.

Brokkoli-Quiche

Für den Mürbeteig:

- 200 g Dinkelmehl
- 100 g Frischkäse
- 50 g Butter, in kleine Stücke geschnitten
- 1/2 TL Kräutersalz
- 50 g geriebene Haselnüsse

Für den Belag:

- 600 g Brokkoliröschen
- etwas Gemüsebrühe

Für den Guss:

- 2 Eier
- 1 Becher Sauerrahm
- 100 g geriebener Käse (z. B. Bergkäse)
- 1 EL Petersilie, fein gehackt
- Salz
- schwarzer Pfeffer, frisch gemahlen
- Tamari

Zubereitung:

Aus den Mürbeteigzutaten einen Teig kneten. Den Teig zu einer Kugel formen und eine halbe Stunde im Kühlschrank ruhen lassen.

In der Zwischenzeit die Brokkoliröschen in wenig Gemüsebrühe bissfest garen, zum Abtropfen in ein Sieb geben.

Den Mürbeteig auf einer bemehlten Arbeitsfläche ausrollen und in eine Quicheform (24 cm Durchmesser) drücken. Die Brokkoliröschen darauf verteilen.

Für den Guss Eier mit Sauerrahm verrühren, Käse und Petersilie dazugeben, salzen, pfeffern und mit Tamari abschmecken. Über die Brokkoliröschen gießen, bei 160 °C ca. 30 Minuten backen.

Zwiebelkuchen

Für den Mürbeteig:	■ 200 g Dinkelmehl ■ 100 g Butter, in kleine Stücke geschnitten ■ 1 Ei ■ etwas Wasser ■ Kräutersalz
Für den Belag:	■ 500 g Zwiebeln, in feine ■ Ringe geschnitten ■ 2 EL Olivenöl oder Ghee ■ $^1/_2$ TL Majoran ■ $^1/_2$ TL Kümmel, gemahlen ■ Salz ■ Tamari ■ 100 g Bergkäse, gerieben
Für den Guss:	■ 2 Eier ■ 250 ml Sauerrahm

Zubereitung:

Aus den Mürbeteigzutaten einen Teig kneten. Den Teig zu einer Kugel formen und eine halbe Stunde im Kühlschrank ruhen lassen.

In der Zwischenzeit Zwiebelringe in Olivenöl oder Ghee bissfest dünsten, mit Majoran, Kümmel, Salz und Tamari kräftig würzen. Abkühlen lassen.

Den Mürbeteig ausrollen und in eine Form (ca. 25 x 35 cm) drücken. Die gedünsteten Zwiebeln darauf verteilen. Mit dem geriebenen Käse bestreuen.

Für den Guss die Eier mit Rahm verrühren und darüber gießen. Bei 160 °C ca. 40 Minuten backen.

Gemüsekuchen aus der Kräuterdrogerie

Für den Mürbeteig:

- 200 g Dinkelmehl
- 100 g Butter, in kleine Stücke geschnitten
- 1 Ei
- etwas Wasser
- Kräutersalz

Für den Belag:

- 1 Zwiebel, in dünne Ringe geschnitten
- 5 Möhren, in Scheiben geschnitten
- 3 mittelgroße Zucchini, in Scheiben geschnitten
- 3 Paprikaschoten, in Streifen geschnitten
- 1 TL Liebstöckel
- Salz
- 2 EL Olivenöl
- etwas Wasser
- Tamari
- schwarzer Pfeffer, frisch gemahlen
- 2 EL Petersilie, fein gehackt
- 100 g Bergkäse, gerieben

Für den Guss:

- 2 Eier
- 250 ml Sauerrahm

Zubereitung:

Aus den Mürbeteigzutaten einen Teig kneten. Den Teig zu einer Kugel formen und eine halbe Stunde im Kühlschrank ruhen lassen.

In der Zwischenzeit das vorbereitete Gemüse mit Liebstöckel und Salz in Olivenöl bissfest dünsten, eventuell etwas

Wasser zugießen. Zuletzt mit Tamari, Pfeffer und Petersilie vermischen.

Abkühlen lassen.

Den Mürbeteig auf einer bemehlten Arbeitsfläche ausrollen und in eine Form (ca. 25 x 35 cm) drücken. Das gedünstete Gemüse darauf verteilen. Mit dem geriebenen Käse bestreuen.

Für den Guss die Eier mit Rahm verrühren, über den Belag gießen. Bei 160 °C ca. 40 Minuten backen. Den Gemüsekuchen in Stücke teilen und mit einer Joghurt-Sauce servieren.

Reissalat mit Räuchertofu

Zutaten:

- 200 g Basmati- oder Jasminreis (oder auch Wildreismischung)
- 1/2 l heiße Gemüsebrühe
- 1 EL Ghee
- 1/2 TL schwarze Senfsamen
- 1/2 TL Kreuzkümmel
- 3 Stangen Staudensellerie
- 200 g Räuchertofu
- einige Tomatenachtel

Für die Marinade:

- 2 EL Olivenöl
- 2 EL Zitronensaft
- 100 g Crème fraîche
- 100 ml Gemüsebrühe
- 1 Bund Dill, gehackt
- schwarzer Pfeffer, frisch gemahlen

Zubereitung:

Den Reis gründlich mit kaltem Wasser waschen, anschließend 30 Minuten in Wasser einweichen. Danach zum Abtropfen in ein Sieb geben.

Ghee erhitzen, Senfkörner und Kreuzkümmel darin anrösten, bis die Körner hörbar platzen. Den Reis hinzufügen und mit heißer Gemüsebrühe aufgießen. Einmal kurz umrühren. Zugedeckt auf kleiner Flamme köcheln lassen, bis die Gemüsebrühe aufgesogen ist. Den Herd ausstellen, den Reis auf der Kochplatte mindestens 30 Minuten quellen lassen. In eine Schüssel füllen und abkühlen lassen.

In der Zwischenzeit den Sellerie in kleine Stücke schneiden, Tofu würfeln. Die Zutaten für die Marinade gut miteinander verrühren und pikant würzen.

Reis, Sellerie und Tofu vermischen, die Marinade darüber gießen. Falls der Salat zu trocken ist, noch etwas Gemüsebrühe unterrühren. Einige Stunden (oder über Nacht) ziehen lassen. Mit Tomatenachteln garniert servieren.

Bulgur-Gemüse-Salat

Zutaten:

- ½ l Gemüsebrühe
- 200 g Bulgur, grob
- je 1 rote, grüne und gelbe Paprikaschote, in Streifen geschnitten
- 2 kleine Zucchini, in Scheiben geschnitten
- 2 Frühlingszwiebeln, in Ringe geschnitten
- 200 g Schafskäse, in Würfel geschnitten
- einige Tomatenachtel

Für die Marinade:

- 5 EL Olivenöl
- 2 EL Apfelessig
- etwas Wasser
- 1 Msp. Cayennepfeffer
- schwarzer Pfeffer, frisch gemahlen
- Salz
- Shoyu
- 3 EL frische Kräuter, fein gehackt (Petersilie, Dill, Kerbel, Basilikum)

Zubereitung:

Die Gemüsebrühe aufkochen, Bulgur einstreuen, kurz aufkochen lassen, bis der Bulgur die Flüssigkeit aufgenommen hat. Mindestens eine halbe Stunde zugedeckt quellen lassen.

Die Zutaten für die Marinade gut miteinander verrühren.

Bulgur in eine Schüssel füllen und abkühlen lassen. Mit dem Gemüse und der Marinade vermischen. Mit Schafskäse bestreuen und mit Tomatenachteln garnieren.

Bunter Gerstesalat

Zutaten:

- 200 g Gerste
- $^3/_4$ l heiße Gemüsebrühe
- $^1/_2$ TL Majoran
- $^1/_2$ TL getrocknetes Basilikum
- 1 Lorbeerblatt
- 1 Tasse gemischtes Gemüse (z. B. Blumenkohl, grüne Bohnen, Möhren, Kohlrabi oder eine TK-Mischung), klein geschnitten und bissfest gegart
- 1 Bund Radieschen, in Scheiben geschnitten
- 1 grüne oder gelbe Paprikaschote, in Streifen geschnitten
- 1 rote Paprikaschote, in Streifen geschnitten
- einige schwarze Oliven und Tomatenachtel

Für die Marinade:

- 4 EL Olivenöl
- 2 EL Apfelessig
- je 2 EL Dill und Petersilie, fein gehackt
- Wasser
- 1 TL Honig
- schwarzer Pfeffer, frisch gemahlen
- Salz
- Tamari

Zubereitung:
Die Gerste in einem Topf ohne Fett anrösten, bis sie zu duften beginnt. Mit heißer Gemüsebrühe auffüllen, Majoran, Basilikum und Lorbeerblatt hinzufügen und gar kochen. Quellen und abkühlen lassen.

Die Zutaten für die Marinade gut miteinander verrühren.

Die Gerste mit dem vorbereiteten Gemüse und der Marinade vermischen. Einige Stunden oder über Nacht durchziehen lassen, eventuell nachwürzen.

Mit Tomatenachteln und Oliven garniert servieren.

Feine Suppen und herzhafte Eintöpfe

Suppen sind schnell gemacht und schmecken immer. Im Folgenden finden Sie eine Reihe von Rezepten für jeden Tag und für den besonderen Anlass.

Köstliche Cremesuppen

Bauchschmeichler, Magenwärmer, Vata-Beruhiger, kleine Abendessen ...

Brokkolicremesuppe

Zutaten:

- 600 g Brokkoli
- 1 l Gemüsebrühe
- 1 Msp. Koriander
- 1 Msp. Muskatnuss, gerieben
- 1 TL Zitronensaft
- Salz
- schwarzer oder weißer Pfeffer, frisch gemahlen
- 3 EL Crème fraîche oder Sauerrahm
- geröstete Mandelsplitter

Zubereitung:
Brokkoliröschen abschneiden, Stängel schälen und in Stücke teilen. Röschen und Stängel in etwas Gemüsebrühe gar dünsten, anschließend pürieren. Das Püree mit der restlichen Gemüsebrühe auffüllen, mit Koriander, Muskat, Zitronensaft, Salz und Pfeffer abschmecken, Crème fraîche oder Sauerrahm unterheben. Mit gerösteten Mandelsplittern bestreut servieren.

Gemüsecremesuppe

Zutaten:

- 500 g gemischtes Gemüse (Lauch, Möhren, Blumenkohl, Sellerie)
- 1 l Gemüsebrühe
- 1 Lorbeerblatt
- 1 Becher Crème fraîche oder Sauerrahm
- Kräutersalz
- schwarzer Pfeffer, frisch gemahlen
- etwas Zitronensaft
- 1 EL Petersilie, fein gehackt

Zubereitung:
Das Gemüse waschen, trockentupfen und anschließend klein schneiden. Mit ein wenig Gemüsebrühe und dem Lorbeerblatt weich garen.

Das Lorbeerblatt entfernen und das Gemüse pürieren. Mit der restlichen Gemüsebrühe und Crème fraîche oder Sauerrahm verrühren, mit Salz und Pfeffer würzen und mit Zitronensaft abschmecken.

Mit Petersilie bestreut servieren.

Möhrencremesuppe

Zutaten:

- 500 g Möhren, grob geschnitten
- 1 Zwiebel, grob gehackt
- $^1/_2$ l Gemüsebrühe
- $^1/_2$ l Milch
- 1 TL Kerbel, getrocknet
- Salz, 1 Prise Cayennepfeffer
- 1 EL Kresse, fein gehackt

Zubereitung:

Möhren und Zwiebel in der Gemüsebrühe garen, anschließend pürieren. Das Gemüsepüree mit Milch auffüllen, würzen und mit Kresse bestreut servieren.

Kürbiscremesuppe

Zutaten:

- 1 kleiner roter Hokkaido-Kürbis
- 2 EL Ghee
- $^1/_2$ TL schwarze Senfkörner
- $^1/_2$ TL Kreuzkümmel, gemahlen
- 1 l Gemüsebrühe
- $^1/_2$ TL Koriander, gemahlen
- je 1 Msp. Zimt-, Nelken- und Ingwerpulver
- 125 ml Sahne oder Joghurt
- Salz
- schwarzer Pfeffer, frisch gemahlen
- Muskatnuss, frisch gerieben
- etwas Zitronensaft
- 4 EL Kürbiskerne
- 4 TL Kürbiskernöl

Zubereitung:

Den Kürbis waschen (schälen ist nicht notwendig) und in kleine Stücke schneiden. Mit einem Löffel die Kerne entfernen.

Ghee erhitzen, Senfkörner und Kreuzkümmel anrösten, bis die Senfkörner platzen. Kürbisstücke hinzufügen, kurz weiterrösten.

Die Gemüsebrühe und die übrigen Gewürze dazugeben, gar kochen und anschließend pürieren.

Sahne oder Joghurt unter das Püree rühren, mit Salz, Pfeffer und Muskatnuss abschmecken.

Nochmals kurz erwärmen, aber nicht mehr kochen. Mit Zitronensaft abschmecken.

Die Kürbiskerne in einer Pfanne ohne Fett anrösten.

Die Suppe pro Portion mit 1 Esslöffel Kürbiskerne bestreuen und mit 1 Teelöffel Kürbiskernöl beträufeln.

Blumenkohlcremesuppe

Zutaten:

- 1 kleiner Blumenkohl
- 500 ml Gemüsebrühe
- 500 ml Milch
- 1 Prise Muskatnuss, frisch gemahlen
- Kräutersalz
- weißer Pfeffer, frisch gemahlen
- etwas Gomasio

Zubereitung:

Den Blumenkohl waschen, die Röschen abschneiden, den Strunk fein würfeln. Alles in der Gemüsebrühe gar kochen und anschließend pürieren. Milch hinzufügen, würzen und mit Gomasio bestreut servieren.

Kohlrabicremesuppe

Zutaten:

- 1 Zwiebel, fein gehackt
- 2 EL Ghee
- 500 g Kohlrabi, geschält und gewürfelt
- 250 ml Weißwein
- 750 ml Gemüsebrühe
- 100 ml Crème fraîche
- 1 TL Nanaminze oder frische Minze, gehackt
- Salz
- schwarzer Pfeffer, frisch gemahlen

Zubereitung:

Zwiebelstücke in Ghee andünsten, Kohlrabiwürfel hinzufügen. Mit dem Wein und 250 ml Gemüsebrühe aufgießen und gar kochen. Anschließend pürieren, restliche Gemüsebrühe, Crème fraîche und Nanaminze unterrühren. Salzen und nochmals aufkochen. Mit schwarzem Pfeffer bestreut servieren.

☛ **Hinweis:**

Nanaminze ist milder und weniger kühlend als Pfefferminze und wird gern als Gewürz eingesetzt, das die Magennerven entspannt. In Nordafrika ist Nanaminze (»marokkanische Minze«) ein sehr beliebter Tee.

Lauchcremesuppe

Zutaten:

- 500 g Lauch (Porree), in Ringe geschnitten
- 2 Knoblauchzehen, fein gehackt
- 2 EL Ghee
- 1 TL Curry-Mischung
- 4 mittelgroße Kartoffeln, geschält und gewürfelt
- 1 l Gemüsebrühe
- 250 ml Sahne oder Sauerrahm
- Salz
- schwarzer Pfeffer, frisch gemahlen
- Tamari
- 1 Prise Cayennepfeffer
- 1 TL Zitronensaft
- 1 Bund Schnittlauch, in Röllchen geschnitten

Zubereitung:

Lauch zusammen mit Knoblauch in Ghee andünsten, Curry-Mischung und Kartoffeln hinzufügen, mit der Gemüsebrühe auffüllen und gar kochen. Anschließend pürieren.

Sahne oder Sauerrahm unterrühren, würzen. Mit Schnittlauch bestreut servieren.

Erbsencremesuppe

Zutaten:

- 1 Zwiebel, fein gehackt
- 1 EL Ghee
- 300 g TK-Erbsen
- 1 l Gemüsebrühe
- 1 Lorbeerblatt
- 125 ml Sahne oder Sauerrahm
- $^1/_2$ TL Schabzigerklee
- Salz
- schwarzer Pfeffer, frisch gemahlen
- 2 EL Petersilie, fein gehackt

Zubereitung:

Zwiebelstücke in Ghee andünsten, Erbsen, Gemüsebrühe und Lorbeerblatt hinzufügen, gar kochen.

4 Esslöffel Erbsen beiseite stellen, den Rest pürieren und Sahne oder Sauerrahm unterrühren. Würzen. Pro Portion 1 Esslöffel Erbsen hinzufügen und die Suppe mit Petersilie bestreut servieren.

☛ **Hinweis:**

Schabzigerklee ist der so genannte »Blaue Bockshornklee«, der vor allem in der Schweiz für Käse und Brot verwendet wird und der ein angenehmes, würzig-mildes Aroma hat. Sparsam dosieren.

Pastinakencremesuppe

Zutaten:

- 500 g Pastinaken
- 1 mittelgroße Kartoffel
- 1 Zwiebel, klein gehackt
- 1 l Gemüsebrühe
- 1 TL Koriander, gemahlen
- Salz
- schwarzer Pfeffer, frisch gemahlen
- 100 ml Crème fraîche oder Sauerrahm
- 1 TL Zitronensaft
- 1 EL Petersilie, fein gehackt

Zubereitung:

Pastinaken und Kartoffel schälen und in Würfel schneiden. Zusammen mit der Zwiebel in der Gemüsebrühe weich dünsten. Anschließend pürieren und würzen. Crème fraîche oder Sauerrahm und Zitronensaft hinzufügen. Gut verrühren. Mit Petersilie bestreut servieren.

Rote-Rüben-Cremesuppe

Zutaten:

- 500 g rote Rüben
- 1/2 TL Kreuzkümmel, gemahlen
- 1/2 TL Koriander, gemahlen
- 1/2 TL Ingwer, gemahlen
- je 1 Prise Nelkenpulver, Zimt und Kardamom, gemahlen
- 2 EL Ghee
- 1 l Gemüsebrühe
- 100 ml Crème fraîche
- 2 EL Zitronensaft
- Salz
- schwarzer Pfeffer, frisch gemahlen

Zubereitung:

Die rote Rüben schälen und würfeln. Zusammen mit den Gewürzen kurz in Ghee andünsten. Mit Gemüsebrühe auffüllen, gar kochen und anschließend pürieren. 4 Teelöffel Crème fraîche abnehmen, den Rest mit Zitronensaft und Salz unterziehen. Auf jede Portion 1 Teelöffel Crème fraîche geben und mit schwarzem Pfeffer bestreut servieren.

Selleriecremesuppe

Zutaten:

- 500 g Sellerie
- 2 mittelgroße Kartoffeln
- 1 Zwiebel, grob gehackt
- 1 l Gemüsebrühe
- 100 ml Crème fraîche
- 1 EL Zitronensaft
- Trikatu (oder schwarzer Pfeffer, frisch gemahlen)
- Salz
- 2 EL Petersilie, fein gehackt

Zubereitung:

Sellerie und Kartoffeln schälen und würfeln. Zusammen mit der Zwiebel in der Gemüsebrühe weich garen. Anschließend pürieren. Crème fraîche hinzufügen und mit Zitronensaft, Trikatu und Salz abschmecken. Mit Petersilie bestreut servieren.

☛ **Hinweis:**

Trikatu wird übersetzt mit »die drei Scharfen« und ist eine traditionelle ayurvedische Gewürzmischung. Es besteht zu gleichen Teilen aus gemahlenem Ingwer, schwarzem und langem Pfeffer. Diese Mischung ist als Gewürz universell einzusetzen. Es reduziert Ama (Stoffwechselschlacken) und regt Agni, das Verdauungsfeuer an.

Spargelcremesuppe

Zutaten:

- 500 g grüner Spargel
- 1 l Gemüsebrühe
- 125 ml Sahne
- 3 EL Reismehl
- 1 TL Zitronensaft
- Salz
- weißer oder schwarzer Pfeffer, frisch gemahlen
- 2 TL abgeriebene Zitronenschale

Zubereitung:

Spargel schälen, in Stücke schneiden und in ein wenig Gemüsebrühe weich garen. Anschließend pürieren und mit der restlichen Gemüsebrühe aufgießen.

4 Teelöffel Sahne abnehmen und beiseite stellen.

Das Reismehl mit der restlichen Sahne gut verrühren, zur Suppe geben und noch einmal aufkochen lassen. Mit Zitronensaft, Salz und Pfeffer abschmecken.

Über jede Portion Suppe spiralförmig 1 Teelöffel Sahne gießen und mit etwas Zitronenschale und Pfeffer bestreut servieren.

Kalte Zucchinicremesuppe

Zutaten:

- 500 g Zucchini
- 2 Knoblauchzehen, klein gehackt
- 2 EL Olivenöl
- 750 ml Gemüsebrühe
- 250 ml Joghurt
- Saft und abgeriebene Schale von $^1/_2$ Zitrone
- Salz
- weißer Pfeffer, frisch gemahlen

Zubereitung:

Zucchini waschen, trockentupfen und in Scheiben schneiden. Mit dem klein gehackten Knoblauch in Olivenöl anbraten. Mit Gemüsebrühe auffüllen und weich garen. Pürieren und abkühlen lassen.

Joghurt, Zitronensaft und Zitronenschale in die Suppe rühren, mit Salz und Pfeffer abschmecken.

Vor dem Verzehr eine Stunde kühl stellen.

Feine Tomatencremesuppe

Zutaten:

- 4 Schalotten, fein gehackt
- 2 EL Olivenöl
- 500 g reife Tomaten, überbrüht, geschält und püriert (oder fertiges Tomatenpüree)
- 2 EL Tomatenmark
- 1 Lorbeerblatt
- $^1/_2$ TL Basilikum
- $^1/_2$ TL Oregano
- $^1/_4$ TL Thymian
- $^1/_4$ TL Rosmarin, gemahlen
- Salz
- schwarzer Pfeffer, frisch gemahlen
- 1 TL Rohrohrzucker
- 1 l Gemüsebrühe
- 100 ml Crème fraîche
- Basilikum, fein geschnitten
- 4 ganze Basilikumblättchen

Zubereitung:

Schalotten in Öl andünsten, pürierte Tomaten, Tomatenmark, Gewürze und Zucker hinzufügen, mit der Gemüsebrühe auffüllen und etwa 15 Minuten köcheln lassen.

4 Teelöffel von der Crème fraîche abnehmen und beiseite stellen. Restliche Crème fraîche und geschnittenes Basilikum unter die Suppe ziehen.

Jede Portion mit 1 Teelöffel Crème fraîche und einem Basilikumblättchen garnieren.

Herzhafte Gemüse- und Getreidesuppen

Tomaten-Orangen-Suppe

Zutaten:

- 2 TL frischer Ingwer, fein gehackt
- 1 Knoblauchzehe, fein gehackt
- 2 TL Olivenöl
- 200 ml Orangensaft, frisch gepresst
- 1 TL Rohrohrzucker
- 4 mittelgroße Tomaten, überbrüht, geschält und in Würfel geschnitten (wer es ganz fein möchte, entfernt auch noch die Kerne)
- 375 ml Gemüsebrühe
- Petersilie, fein gehackt

Zubereitung:

Ingwer und Knoblauch in Öl anrösten, mit Orangensaft ablöschen. Zucker unterrühren, kurz köcheln lassen. Tomaten und Gemüsebrühe hinzufügen und weitere 5 Minuten köcheln lassen. Mit Petersilie bestreut servieren.

➥ **TIPP:** Diese Suppe ist eine anregende Vorspeise, besonders für Vata.

Miso-Gemüsesuppe

Zutaten:

- 2 Stangen Lauch (Porree), in dünne Ringe geschnitten
- 2 Möhren, in dünne Scheiben geschnitten
- 1 TL frischer Ingwer, gehackt oder in hauchdünne Scheiben geschnitten
- 2 EL Ghee
- 1 l heißes Wasser
- 4–8 TL Hatcho-Miso
- 2 TL milder Essig
- Tamari
- 1 EL Petersilie, fein gehackt

Zubereitung:

Porree, Möhren und Ingwer in Ghee anrösten, etwas Wasser zugießen und das Gemüse weich dünsten. Restliches Wasser zufügen. Hatcho-Miso, Umeboshi-Paste (oder Essig) und Tamari gut miteinander verrühren, eventuell etwas Wasser zugeben. Gut mit dem Gemüse mischen und mit Petersilie betreut servieren.

➡ **TIPPS:** Sie können zusätzlich 2 getrocknete Shiitakepilze verwenden. Diese müssen vor dem Garen 1 Stunde eingeweicht werden.

Die Miso-Gemüsesuppe ist sehr leicht und wohltuend für Magen und Darm.

☛ **Hinweis:**

Shiitakepilze sind eng mit den chinesischen Morcheln verwandt. Sie wachsen auf der Rinde einer Eichbaumart und werden sowohl frisch als auch getrocknet verwendet. Ihr Aroma ist intensiv und rauchig.

Zitronen-Reissuppe

Zutaten:

- 2 Zwiebeln, fein geschnitten
- 4 EL Olivenöl
- 100 g Rundkornreis
- 1 Lorbeerblatt
- 1 l Gemüsebrühe
- 2 Eier
- Saft von 1 Zitrone
- Kräutersalz
- Cayennepfeffer
- Schnittlauchröllchen

Zubereitung:

Zwiebeln in Öl andünsten, Reis und Lorbeerblatt hinzufügen, kurz mitdünsten. Mit der Gemüsebrühe auffüllen und gar kochen (dauert einige Zeit). Vom Herd nehmen.

Eier mit dem Zitronensaft sehr schaumig schlagen, ein wenig heiße Brühe unterrühren und das Ganze vorsichtig unter die Suppe ziehen (darf nicht mehr kochen). Mit Salz und Cayenne abschmecken, mit Schnittlauch bestreut servieren.

➡ **TIPP:** Diese Suppe ist sättigend und eignet sich als kleine Hauptmahlzeit. Sie beruhigt vermehrtes Vata.

Zwiebelsuppe

Zutaten:

- 2 große Zwiebeln (ca. 200 g), in Ringe geschnitten
- 2 Knoblauchzehen, gehackt
- 2 EL Sonnenblumenöl
- 1 l Gemüsebrühe
- 1 Lorbeerblatt
- 1 TL Majoran
- 1 TL Kümmel, gemahlen
- Kräutersalz
- schwarzer Pfeffer, frisch gemahlen
- Tamari
- Brotwürfel (Vollkorn)
- 1–2 EL Ghee

Zubereitung:

Zwiebelringe und Knoblauch in Öl andünsten. Gemüsebrühe und Gewürze hinzufügen, das Gemüse gar kochen.

In der Zwischenzeit die Brotwürfel in Ghee knusprig braten, vor dem Servieren über die Suppe streuen.

Wirsingsuppe mit grünem Pfeffer

Zutaten:

- 3 Knoblauchzehen, gehackt
- 3 EL Olivenöl
- 500 g Wirsing, in feine Streifen geschnitten
- 1 l Gemüsebrühe
- $^1/_2$ TL grüne Pfefferkörner in Salzlake, zerdrückt
- Brotwürfel (Vollkorn)
- 1–2 EL Ghee
- 100 ml Crème fraîche
- Kräutersalz

Zubereitung:

Knoblauch in Öl anbraten, den Wirsing kurz mitbraten, dann mit Gemüsebrühe aufgießen. Pfeffer hinzufügen und alle Zutaten gar kochen.

In der Zwischenzeit die Brotwürfel in Ghee knusprig rösten.

Crème fraîche unter den Wirsing rühren, mit Salz abschmecken und mit den Brotwürfeln bestreut servieren.

➥ **TIPP:** Der grüne Pfeffer passt hervorragend zu allen Kohlarten und regt Agni, das Verdauungsfeuer, an.

Kartoffelsuppe

Zutaten:

- 2 Zwiebeln, gehackt
- 1 TL Kümmel
- 2 EL Öl
- 500 g fest kochende Kartoffeln
- 1 l Gemüsebrühe
- 1 TL Majoran
- 1 Lorbeerblatt
- 250 ml Sauerrahm
- 2 Knoblauchzehen, gepresst
- Salz
- schwarzer Pfeffer, frisch gemahlen
- Tamari
- 1 Prise Paprikapulver edelsüß oder scharf

Zubereitung:

Zwiebel mit Kümmel in Öl andünsten. Kartoffeln schälen, würfeln und zur Zwiebel-Kümmel-Mischung geben. Mit der Gemüsebrühe aufgießen, Majoran und Lorbeerblatt zufügen, alle Zutaten gar kochen.

1 Schöpflöffel Kartoffeln herausnehmen, pürieren oder mit einer Gabel gründlich zerdrücken und mit dem Rahm und dem Knoblauch wieder die Suppe rühren. Mit Salz, Pfeffer und Tamari würzen und mit einer Prise Paprikapulver bestreut servieren.

Gerste-Joghurt-Suppe

Zutaten:

- 1 Zwiebel, klein gehackt
- 1 EL Olivenöl
- 100 g Gerste
- 1 l Gemüsebrühe
- 1 TL Nanaminze
- 2 Knoblauchzehen, gepresst
- 250 ml Joghurt (3,6 %)
- 2 Eier
- schwarzer Pfeffer, frisch gemahlen
- 1 Prise Cayennepfeffer
- Tamari
- Salz

Zubereitung:

Die Zwiebel in Öl andünsten, Gerste dazugeben, kurz weiterrösten. Mit Gemüsebrühe auffüllen und kochen, bis die Gerste weich ist.

Nanaminze und Knoblauch unterrühren, den Topf vom Herd nehmen.

Joghurt mit Eiern verrühren und in die nicht mehr kochende Suppe geben. Mit Pfeffer, Cayenne, Tamari und Salz pikant abschmecken.

➥ **TIPP:** Diese Suppe ist sehr sättigend und eignet sich als kleine Mahlzeit.

Griechische Bohnensuppe

Zutaten:

- 250 g weiße Bohnen
- 1 $^{1}/_{2}$ l Gemüsebrühe
- 125 ml Olivenöl
- 2 Lorbeerblätter
- 1 TL Oregano
- 250 g Möhren
- 250 g Sellerie
- 4 EL Tomatenmark
- 2 Knoblauchzehen, gehackt
- 1 EL Apfelessig
- 1 TL Rohrohrzucker
- Salz
- schwarzer Pfeffer, frisch gemahlen

Zubereitung:

Die Bohnen über Nacht in Wasser einweichen. Am nächsten Tag in ein Sieb geben und gründlich spülen. Abtropfen lassen.

Mit der Gemüsebrühe, Öl, Lorbeerblättern und Oregano halb gar kochen.

Das Gemüse schälen, Möhren in Scheiben, Sellerie in Stücke schneiden. Gemüse, Tomatenmark und Knoblauch hinzufügen und alle Zutaten gar köcheln. Zuletzt mit Essig, Zucker, Salz und Pfeffer abschmecken.

➥ **TIPP:** Mit Oliven und Schafskäse serviert ergibt diese Suppe eine Hauptmahlzeit.

Kichererbsensuppe

Zutaten:

- 300 g Kichererbsen
- 1 l Wasser
- 2 Lorbeerblätter
- 4 Gewürznelken
- 3 mittelgroße Zwiebeln, fein geschnitten
- 1–2 TL körnige Gemüsebrühe
- 125 ml Olivenöl
- 1 Prise Gelbwurz
- 1 Prise Trikatu
- Salz, Tamari
- 1 EL Zitronensaft
- 2 EL frische Kräuter (Petersilie, Koriander, Kerbel, Basilikum), fein gehackt

Zubereitung:

Kichererbsen über Nacht in Wasser einweichen. Am nächsten Tag in ein Sieb geben, gründlich abspülen und abtropfen lassen.

Im Wasser kochen, bis sich weißer Schaum bildet, diesen abschöpfen. Dann Lorbeerblätter, Gewürznelken, Zwiebel, Gemüsebrühe und Öl zufügen und die Kichererbsen gar kochen.

Wenn die Kichererbsen bissfest sind, Gelbwurz, Trikatu, Salz und etwas Tamari zufügen und noch weitere 5–10 Minuten köcheln lassen. Den Zitronensaft untermischen und 5 Minuten nachziehen lassen.

Wenn Sie die Suppe sämig möchten, können Sie einen Teil der Kichererbsen pürieren und unterrühren. Mit frischen Kräutern bestreut servieren.

Braune Linsensuppe

Zutaten:

- 200 g Linsen
- 2 Zwiebeln, fein gehackt
- 1 kleines Stück Hing oder 1 Prise Hing-Pulver oder 3 ganze Knoblauchzehen, geschält
- 125 ml Olivenöl
- 1 l Gemüsebrühe
- 4 Kubeben
- 2 Lorbeerblätter
- 1 EL Apfelessig
- 2 EL Dinkelmehl
- Salz
- schwarzer Pfeffer, frisch gemahlen

Zubereitung:

Die Linsen waschen und über Nacht in Wasser einweichen. Am nächsten Tag in ein Sieb geben und nochmals abspülen, abtropfen lassen.

Zwiebeln und Hing oder Knoblauch in Olivenöl andünsten. Mit der Gemüsebrühe aufgießen, Linsen, Kubeben und Lorbeerblätter hinzufügen, alle Zutaten gar kochen.

Lorbeerblätter entfernen. Essig mit Mehl verrühren, in die Suppe geben und diese nochmals aufkochen lassen. Zuletzt mit Salz und Pfeffer würzen.

☛ **Hinweise:**

Hing ist das Wurzelharz einer Pflanze, die mit dem Fenchel verwandt ist. Es wird auch »Stinkasant« oder »Teufelsdreck« genannt, weil das Aroma des rohen Gewürzes extrem stark riecht. Am besten ersteht man Hing in einem indischen Laden, wo es gemahlen und verdünnt erhältlich ist. Hing sollte man sehr sparsam dosieren und niemals verwenden, ohne es vorher erhitzt zu haben! Durch den Kochvorgang wird der Geschmack aromatisch und ähnelt dem des Knoblauchs. Es ist ein idealer Ersatz für alle, die Knoblauch mögen, aber nicht vertragen (z. B. bei erhöhtem Pitta).

Im Ayurveda heißt es, dass Hing Giftstoffe und Ablagerungen aus dem Darm beseitigt, die Darmflora verbessert und damit auch Agni, das Verdauungsfeuer stärkt. Wie Knoblauch besitzt Hing eine erdende, abstumpfende Wirkung (tamasisch), dadurch ist es geeignet, überschießendes Vata zu dämpfen, das oft Blähungen verursacht. Hing ist eine ideale Beigabe für Hülsenfrüchte und Kohlsorten.

Kubeben sind die Früchte eines Pfeffergewächses, dunkelbraune Kugeln mit einem kleinen Stielansatz, die in Indonesien verwendet werden. In Europa waren sie lange Zeit ein beliebtes Gewürz und sorgen heute noch für eine besonders gute Suppenbasis. Der Geschmack erinnert an den der Gewürznelke, ist aber frischer.

Rote Linsenpüreesuppe

Zutaten:

- 250 g rote Linsen
- 2 mittelgroße Kartoffeln, geschält, in Stücke geschnitten
- 2 Zwiebeln, grob gehackt
- 2 Lorbeerblätter
- 1 l Gemüsebrühe
- 2 Knoblauchzehen, gepresst
- 1 EL Zitronensaft
- 1 Prise Cayennepfeffer
- Salz
- Tamari
- 100 ml Crème fraîche
- 1 TL Nanaminze oder $^1/_2$ TL Pfefferminze

Zubereitung:

Linsen gründlich waschen. Mit Kartoffeln, Zwiebeln und Lorbeerblatt in der Gemüsebrühe gar kochen (geht relativ rasch). Lorbeerblätter entfernen, Linsen pürieren.

Mit den übrigen Gewürzen pikant abschmecken und die Crème fraîche unterziehen.

Mit Nanaminze bestreut servieren.

➡ **TIPPS:** Wenn Sie etwas weniger Flüssigkeit zum Kochen verwenden, eignet sich dieses Rezept auch hervorragend als Linsenpüree.

Mit schwarzen Oliven garniert eine köstliche und unkomplizierte Vorspeise.

Nahrhafte Gerichte mit Gemüse, Hülsenfrüchten und Kartoffeln

Eine ausgewogene, nährstoffreiche Mahlzeit benötigt Ihr Körper am Tag. Die folgenden Rezepte bieten eine kulinarische Vielfalt, aus deren Angebot es nicht schwer sein dürfte, das für Sie passende Gericht auszuwählen.

Borschtsch

Zutaten:

- 2 Zwiebeln, grob gehackt
- 2 EL Olivenöl
- 250 g Weißkraut, fein gehobelt
- 1 $^1/_2$ l Gemüsebrühe
- 2 Lorbeerblätter
- 5 Gewürznelken
- 8 schwarze Pfefferkörner
- 1 TL Kümmel, gemahlen
- 500 g rote Rüben, gewürfelt
- 250 g Möhren, gewürfelt
- 250 g Sellerie, gewürfelt
- 200 g Tomaten, überbrüht, geschält und gewürfelt
- 250 g Kartoffeln, geschält und gewürfelt
- 2 EL Apfelessig
- Salz
- Tamari

Für den pikanten Sauerrahm:

- 250 ml Sauerrahm
- 2 Knoblauchzehen, gepresst
- 2 EL Dill, fein gehackt
- Salz
- schwarzer Pfeffer, frisch gemahlen

Zubereitung:

Zwiebeln in Öl andünsten, das Kraut dazugeben und kurz mitdünsten. Mit Gemüsebrühe aufgießen.

Gewürze (ohne Tamari), rote Rüben, Möhren und Sellerie hinzufügen, 20 Minuten köcheln lassen.

Tomaten und Kartoffeln hinzufügen und weitere 15 Minuten köcheln, bis alles weich ist.

Zuletzt mit Essig, Salz und Tamari abschmecken.

Für den pikanten Sauerrahm alle Zutaten gut miteinander verrühren. Vor dem Servieren 2 Esslöffel Sauerrahm auf jede Portion Borschtsch geben. Dies ist nicht nur farblich eine schöne Ergänzung, sondern passt auch geschmacklich besonders gut.

☛ Hinweis:

Borschtsch ist ein traditionelles Gericht aus Osteuropa, das aus Kraut, roten Rüben, Fleisch und etwas Kwass besteht. Kwass ist ein russisches, leicht alkoholisches Getränk, das aus vergorenem Brot und anderen Zutaten hergestellt wird. Wir haben es auf vegetarische Bedürfnisse zugeschnitten, und heute ist es eine sehr beliebte Hauptspeise in der Kräuterdrogerie, besonders zur kalten Jahreszeit.

Brokkoli mit Kokoscreme

Zutaten:

- 500 g Brokkoli
- 125 ml Gemüsebrühe
- 8 EL Kokoscreme
- 2 TL Zitronensaft
- $^{1}/_{2}$ TL Honig
- Salz
- weißer Pfeffer, frisch gemahlen (bei Kapha-Dominanz Cayennepfeffer)
- 3 EL Mandelblättchen, ohne Fett goldbraun geröstet

Zubereitung:

Den Brokkoli in Röschen teilen, die Stängel schälen und in 3 cm lange Stücke schneiden. In der Gemüsebrühe alles bissfest dünsten.

Die Kokoscreme mit Zitronensaft, Honig, Salz und Pfeffer mischen.

Den Brokkoli auf die Teller verteilen und jede Portion mit 2 Esslöffeln Kokoscreme übergießen.

Mit den Mandelblättchen bestreuen.

➡ **TIPP:** Eine ideale Speise bei Pitta-Dominanz.

Fenchel-Gratin

Zutaten:

- 4 mittelgroße Fenchelknollen
- 250 ml Gemüsebrühe
- 1 Zwiebel, fein geschnitten
- 1 EL Ghee
- 2 Tomaten, geschält und gewürfelt
- etwas Butter für die Auflaufform
- 3 EL Sahne
- 100 g Bergkäse, gerieben
- einige Butterflöckchen

Zubereitung:

Die Fenchelknollen waschen, trockentupfen und der Länge nach durchschneiden. In der Gemüsebrühe weich garen.

In der Zwischenzeit die Zwiebel in Ghee andünsten, Tomaten dazugeben, etwa 10 Minuten köcheln lassen.

Den Fenchel aus der Brühe nehmen und in eine gefettete Auflaufform legen, Tomaten-Zwiebel-Mischung darüber geben.

Die Sahne mit 3 Esslöffeln Gemüsebrühe verrühren und über den Fenchel gießen. Mit Käse bestreuen und mit Butterflöckchen belegen. Bei 200 °C im Backofen überbacken, bis die Oberfläche zu einer goldbraunen Kruste geworden ist.

Gedünstete Gurken in Käsecreme

Zutaten:

- 2 Gurken
- 3 EL Ghee
- 125 ml Gemüsebrühe
- 125 ml Milch
- 150 g Bergkäse, gerieben
- 2 EL Dinkelmehl
- Salz
- schwarzer Pfeffer, frisch gemahlen
- 1 EL Dill, fein gehackt

Zubereitung:

Gurken schälen und würfeln, in Ghee andünsten, Gemüsebrühe zugießen und Gurke weich dünsten.

Milch, Käse und Mehl verrühren. Zu den Gurken geben und unter ständigem Rühren köcheln lassen, bis eine cremige Konsistenz erreicht ist. Mit Salz und Pfeffer abschmecken und mit Dill bestreut servieren.

Überbackenes Joghurt-Gemüse

Zutaten:

- 250 g grüne Bohnen, in Stücke geschnitten
- 250 ml Gemüsebrühe
- 250 g Brokkoliröschen
- 250 g Zucchini
- 3 EL Ghee oder Olivenöl
- 1 Bund Frühlingszwiebeln, in Ringe geschnitten
- 2 Knoblauchzehen, gehackt
- etwas Butter für die Auflaufform
- 500 ml Joghurt (3,6 %)
- 4 Eier
- 2 TL Kräutersalz
- schwarzer Pfeffer, frisch gemahlen
- Shoyu

Zubereitung:

Die Bohnen in der Gemüsebrühe garen, zum Abtropfen in ein Sieb geben. Die Gemüsebrühe nochmals auf den Herd stellen und den Brokkoli ebenfalls darin kernweich garen, ebenfalls in ein Sieb geben.

Zucchini schälen und würfeln. In Öl oder Ghee anbraten, Zwiebeln und Knoblauch hinzufügen und weiterbraten, bis sie bissfest sind.

Das Gemüse in eine gefettete Auflaufform schichten. Joghurt mit den Eiern, Salz, Pfeffer und Shoyu verrühren und über das Gemüse gießen. Bei 200 °C im Backofen backen, bis der Joghurt gestockt ist.

➡ **TIPP:** Eine feine, leichte Hauptspeise. Dazu passen Möhren-Orangensalat oder gemischter Blattsalat mit Tomaten und italienischem Dressing.

Möhren-Bananen-Gemüse

Zutaten:

- 1 Zwiebel, fein gehackt
- 1–2 EL Ghee
- 500 g Möhren
- 1 TL Curry-Mischung
- 125 ml Gemüsebrühe
- 125 ml Orangensaft
- 2 feste Bananen, in Scheiben geschnitten
- 2 EL Rosinen
- Salz
- schwarzer Pfeffer, frisch gemahlen
- 1 EL Petersilie, fein gehackt

Zubereitung:

Zwiebel in Ghee andünsten. Möhren schälen und in Scheiben schneiden. Zur Zwiebel geben. Curry-Mischung hinzufügen, Gemüsebrühe zugießen und die Zutaten bissfest garen. Orangensaft, Bananen und Rosinen unterrühren und fertig garen. Salzen, pfeffern und mit Petersilie bestreuen.

Zimtmöhren

Zutaten:

- 750 g Möhren
- 1 EL Ghee
- 1 EL Rohrohrzucker
- 1 TL Ceylon-Zimt, gemahlen
- 125 ml Gemüsebrühe
- Salz
- weißer Pfeffer, frisch gemahlen
- 3 EL Kokosraspel, ohne Fett angeröstet

Zubereitung:

Möhren schälen und in Scheiben schneiden. In Ghee andünsten, Zucker und Zimt darüber streuen. Gut umrühren, mit Gemüsebrühe auffüllen und Möhren weich dünsten.

Mit Salz und Pfeffer abschmecken und mit Kokosraspel bestreut servieren.

Möhrenplätzchen

Zutaten:

- 500 g Möhren, fein gerieben
- 100 g Dinkelmehl
- 2 Eier
- 3 EL Petersilie, fein gehackt
- Kräutersalz
- schwarzer Pfeffer, frisch gemahlen
- 1 Prise Cayenne
- $^1/_4$ TL Schabzigerklee oder Kreuzkümmel, gemahlen
- Ghee zum Ausbacken

Zubereitung:

Die geriebenen Möhren mit Mehl, Eiern und Petersilie vermischen, gut würzen und 15 Minuten ruhen lassen.

Ghee erhitzen und die Möhrenmasse darin esslöffelweise auf beiden Seiten ausbacken.

Mit Dill-Rahmsauce oder orientalischer Joghurt-Sauce servieren.

➡ **TIPP:** Ein Gericht, das Kapha stärkt und (ohne Cayenne) bei Kindern großen Anklang findet.

Kürbis mit Ingwer und Safran

Zutaten:

- 12 Safranfäden
- 1 Zwiebel, gehackt
- 2 EL Ghee oder Sonnenblumenöl
- 1 TL Paprikapulver
- $^1/_2$ TL Ingwerpulver
- 500 g gelber Kürbis, geschält und gewürfelt (oder 1 große Zucchini)
- 100 ml Gemüsebrühe
- 1 EL Zitronensaft
- 2 EL Petersilie, fein gehackt (oder 1 EL frische Korianderblätter)
- Salz
- schwarzer Pfeffer, frisch gemahlen

Zubereitung:

Safranfäden in etwas heißem Wasser einweichen.

Die Zwiebel in Ghee oder Öl andünsten, Paprika, Ingwer, Kürbis und zuletzt das Safranwasser dazugeben. Kurz weiterdünsten. Nach einigen Minuten mit Gemüsebrühe aufgießen und garen, bis der Kürbis bissfest ist. Mit Salz und Pfeffer würzen. Mit Zitronensaft beträufeln und mit Petersilie bestreut servieren.

➥ **TIPP:** Passt herrlich zu Basmati-Reis.

☛ **Hinweis:**

Safran ist das Gewürz aus den getrockneten Stempeln der Safranpflanzenblüte. Es ist ein sehr starkes Würz- und Färbemittel. Safran ist sehr teuer, da die kleine Blüte nur drei Staubfäden hat, die mit der Hand gepflückt werden müssen.

Überbackener Kürbis

Zutaten:

- ca. 1 $^1/_2$ kg roter Hokkaido-Kürbis (ungeschält) oder gelber Kürbis (geschält)
- etwas Butter für die Auflaufform
- Salz
- 1 Msp. Cayennepfeffer
- 3 EL Olivenöl oder Ghee
- $^1/_8$ l Gemüsebrühe
- 3 EL Crème fraîche
- $^1/_2$ TL Paprikapulver
- schwarzer Pfeffer, frisch gemahlen
- 1 EL Petersilie gehackt

Zubereitung:

Den Kürbis waschen, teilen, die Kerne mit einem Löffel herauskratzen und das Fruchtfleisch in ca. 4 x 4 cm große Würfel schneiden. Eine feuerfeste Form einfetten, den Kürbis darin verteilen, salzen, mit Cayennepfeffer bestäuben und mit Öl oder Ghee beträufeln. Im Backofen bei 160 °C etwa 30 Minuten backen, bis der Kürbis weich ist.

Gemüsebrühe mit Crème fraîche und Paprikapulver vermischen, über den Kürbis geben und nochmals 10 Minuten im ausgeschalteten Backofen stehen lassen.

Mit frischem Pfeffer und Petersilie bestreut servieren.

➡ **TIPP:** Passt als Vorspeise oder Beilage zu Reis.

Krauttopf mit Bulgur

Zutaten:

- 2 Zwiebeln, fein gehackt
- 2 EL Olivenöl
- 750 g Weißkraut, fein gehobelt oder geschnitten
- 1 TL Rohrohrzucker
- 1 TL Kümmel, gemahlen
- 1 TL Paprikapulver
- Salz
- schwarzer Pfeffer, frisch gemahlen
- Tamari
- 500 ml Gemüsebrühe
- 100 g Bulgur
- 3 EL Tomatenmark
- 2 EL Petersilie, fein gehackt

Zubereitung:

Zwiebeln in Öl andünsten. Kraut, Zucker und Gewürze hinzufügen und kurz weiterdünsten.

Mit Gemüsebrühe aufgießen und halb gar kochen.

Bulgur und Tomatenmark unterrühren, bei Bedarf noch etwas Wasser nachgießen. Köcheln lassen.

Wenn der Bulgur weich ist, abschmecken und mit Petersilie bestreut servieren.

➡ **TIPP:** Servieren Sie den Krauttopf pro Portion mit einem Klecks Sauerrahm. Dies ist nicht nur eine optisch und geschmacklich gute Ergänzung, sondern sättigt und macht dieses Gericht zur Hauptspeise.

Buntes Paprikagemüse

Zutaten:

- 50 g Rosinen
- 500 g Paprika (rot, gelb und grün)
- 3 EL Ghee
- 2 TL Rohrohrzucker
- 1 TL Curry-Mischung
- $^{1}/_{2}$ TL frischer Ingwer, fein gehackt
- 125 ml Gemüsebrühe
- 1 EL Zitronensaft
- Salz
- schwarzer Pfeffer, frisch gemahlen

Zubereitung:

Rosinen mit heißem Wasser übergießen und 10 Minuten ziehen lassen.

Paprika waschen, Kerne und weiße Scheidewände entfernen, in Streifen schneiden. In Ghee andünsten, mit Zucker, Curry, Ingwer und Rosinen bestreuen, die Gemüsebrühe hinzugießen.

Das Gemüse weich dünsten und mit Zitronensaft, Salz und Pfeffer abschmecken.

➥ **TIPP:** Schmeckt sehr gut zu Bulgur.

Selleriegemüse in Ei-Zitronensauce

Zutaten:

- 2 Zwiebeln, fein gehackt
- 4 EL Olivenöl
- 500 g Knollensellerie
- 1 Lorbeerblatt
- 500 ml Gemüsebrühe
- 2 Eier
- Saft von 1 Zitrone
- Salz
- schwarzer Pfeffer, frisch gemahlen
- Petersilie, fein gehackt

Zubereitung:

Zwiebeln in Öl andünsten. Sellerie schälen und in ca. 2 cm große Würfel schneiden. Zu den Zwiebeln geben. Lorbeerblatt hinzufügen und mit Gemüsebrühe aufgießen. Bissfest kochen und vom Herd nehmen.

Die Eier mit dem Handmixer oder dem Schneebesen schaumig schlagen. Unter kräftigem Schlagen den Zitronensaft hinzufügen. Einige Löffel der heißen Flüssigkeit des Selleriegemüses unterrühren.

Das Gemisch über das Gemüse gießen. Umrühren, nicht mehr kochen.

Mit Salz und Pfeffer abschmecken und mit Petersilie bestreuen.

Spinat mit Mozzarella

Zutaten:

- 700 g Spinat
- 2 Zwiebeln, fein gehackt
- 1 EL Ghee
- 2 Knoblauchzehen, gepresst
- Muskatnuss, frisch gerieben
- Salz
- Shoyu
- 200 g Mozzarella
- schwarzer Pfeffer, frisch gemahlen

Zubereitung:

Den Spinat waschen und in Streifen schneiden.

Zwiebeln in Ghee andünsten, Spinat, Knoblauch und Muskat dazugeben, salzen und etwa 10 Minuten schmoren lassen. Bei Bedarf etwas Wasser dazugießen. Wenn der Spinat gar ist, mit Shoyu würzen.

Den Mozzarella in dünne Scheiben schneiden, über den Spinat legen und schmelzen lassen.

(Es reicht, wenn Sie den Kochtopf mit einem Deckel schließen.) Mit einer Prise Pfeffer servieren.

Savilis Kartoffel-Gemüse-Gratin

Zutaten:

- 1 kg Kartoffeln
- 2 Kohlrabi
- 4 mittelgroße Möhren
- 6 EL Sonnenblumenöl
- Kräutersalz
- $^1/_2$ TL Koriander, gemahlen
- schwarzer Pfeffer, frisch gemahlen
- 3 EL Petersilie, fein gehackt
- 80 g Butter für die Form und als Flöckchen
- Sesam
- 150 g würziger Käse, gerieben
- 125 ml Milch
- 2 Eier
- 250 ml Sauerrahm

Zubereitung:

Das Gemüse schälen und fein hobeln. Mit Öl, Salz, Koriander, Pfeffer und Petersilie in einer Schüssel gründlich mischen.

Eine Auflaufform mit Butter einreiben und mit Sesam ausstreuen.

Die Hälfte der Gemüse-Mischung in die Form streichen und mit der Hälfte des Käses bestreuen.

Eine zweite Schicht Gemüse in die Form geben und den restlichen Käse darüber streuen. Die Masse mit der Milch übergießen.

Die Eier mit dem Rahm verrühren und über das Gemüse gießen. Mit Sesam bestreuen und mit Butterflöckchen belegen. Bei 200 °C backen, bis das Gemüse weich ist (45 bis 60 Minuten). Eventuell etwas Milch oder Gemüsebrühe nachgießen.

➡ **TIPP:** Dazu passen südliche Tomatensauce und grüner Salat.

Mascarpone-Kartoffel-Gemüse

Zutaten:

- 750 g Kartoffeln, klein gewürfelt
- 250 g Möhren, klein gewürfelt
- 1 Prise Koriander, gemahlen
- 1 Prise Kreuzkümmel, gemahlen
- $^1/_2$ TL Majoran
- Salz
- schwarzer Pfeffer, frisch gemahlen
- 250 ml Gemüsebrühe
- Butter für die Auflaufform
- 200 g Mascarpone

Zubereitung:

Kartoffeln und Möhren zusammen mit den Gewürzen in der Gemüsebrühe zugedeckt bissfest garen. Mit Salz und Pfeffer nachwürzen. Das Gemüse mit einem Schaumlöffel aus der Brühe nehmen, in eine gebutterte Auflaufform schichten, mit Mascarpone bestreichen und das Ganze im Backofen bei 180 °C leicht bräunen.

➡ **TIPP:** Mascarpone-Kartoffel-Gemüse eignet sich als leichtes Hauptgericht mit Blattsalat ebenso wie als Beilage zu Laibchen.

Sesamkartoffeln

Zutaten:

- 1 kg Kartoffeln
- 150 g Butter
- 4 EL Sesam
- schwarzer Pfeffer, frisch gemahlen
- Salz
- 3 EL Tamari

Zubereitung:

Kartoffeln gut waschen und mit der Gemüsebürste schrubben. Mit der Schale in grobe Würfel schneiden.

Die Butter schmelzen, mit den restlichen Zutaten vermischen und mit den Kartoffelwürfeln vermengen. In eine Kasserolle geben und bei 200 °C im Backofen backen, bis die Kartoffeln weich sind.

➡ TIPP: Sesamkartoffeln schmecken zu gedünstetem Gemüse oder zu einer großen Portion Salat.

Mung-Dhal

Zutaten:

- 300 g grüne Mungbohnen
- 1 EL Ghee
- 1 TL schwarze Senfsamen
- 1 TL Kreuzkümmelsamen
- 1 TL Koriander, gemahlen
- 1/2 TL Kurkuma (Gelbwurz)
- 1/2 TL Zimt, gemahlen
  oder eine dünne Zimtrinde
- 750 ml Gemüsebrühe

- 2 Knoblauchzehen, gehackt (oder eine winzige Prise Hing)
- 1 frische grüne Chilischote, fein gehackt
- etwas Zitronensaft
- Salz
- schwarzer Pfeffer, frisch gemahlen
- 1 TL Rohrohrzucker

Zubereitung:

Die Mungbohnen gründlich waschen, einige Stunden in kaltem Wasser einweichen. Nochmals spülen und in einem Sieb abtropfen lassen.

Ghee erhitzen, Senfsamen und Kreuzkümmel darin anrösten, bis sie zu platzen beginnen. Mungbohnen mit Koriander, Kurkuma und Zimt hinzufügen, mit Gemüsebrühe aufgießen.

Knoblauch und Chili dazugeben und gar kochen. Mit Zitronensaft, Salz, Pfeffer und Zucker abschmecken.

☛ **Hinweise:**

Dhals – wie die Gerichte aus Hülsenfrüchten im Sanskrit heißen – sind in Indien Hauptnahrungsmittel. Um die Verdaulichkeit von Hülsenfrüchten zu verbessern, müssen sie gut gewürzt und wirklich weich und sämig gekocht werden. Dieses klingt einfacher als es ist.

Nach ca. 15–20 Minuten sollten Sie ein Auge auf die Bohnen haben, gegebenenfalls ab und zu etwas Wasser oder Brühe nachgießen.

Dasselbe Rezept (natürlich in verschiedenen Würzmöglichkeiten) eignet sich auch für braune Linsen, Dupuy-Linsen, Adzuki- und Kidneybohnen, gelbe Mungbohnen und getrocknete Erbsen.

Rote-Linsen-Dhal

Zutaten:

- 250 g rote Linsen
- $^1/_2$ TL Kurkuma
- $^1/_2$ TL Koriander, gemahlen (oder Garam Masala)
- $^1/_2$ TL Kreuzkümmel, gemahlen
- 500 ml Gemüsebrühe
- 1 Zwiebel, fein gehackt
- 2 EL Ghee
- 1 TL Rohrohrzucker
- $^1/_2$ TL Ingwer, gemahlen
- $^1/_2$ TL Zimt, gemahlen
- langer Pfeffer, frisch gemahlen, oder Trikatu
- Salz

Zubereitung:

Linsen gründlich waschen, mit Kurkuma, Koriander und Kreuzkümmel in der Gemüsebrühe gar kochen, bis ein cremiger Brei entstanden ist, eventuell noch etwas Wasser nachgießen.

In der Zwischenzeit die Zwiebel in Ghee mit Zucker, Ingwer und Zimt weich dünsten, anschließend unter den Linsen-Brei rühren. Zuletzt mit Pfeffer und Salz nachwürzen.

Überbackene weiße Bohnen

Zutaten:

- 500 g große weiße Bohnen
- 2 Zwiebeln, halbiert
- 3 mittelgroße Möhren

- 1 Stück Sellerieknolle, geschält
- 250 g Zwiebel, klein gehackt
- 3 Paprika (rot oder grün), in Streifen geschnitten
- 3 Knoblauchzehen, gehackt
- 125 ml Olivenöl
- 600 g Tomaten, gehäutet und gewürfelt
- Salz
- 1 TL Rohrohrzucker
- 1 TL Paprikapulver edelsüß
- 1 TL Oregano oder Nanaminze
- schwarzer Pfeffer, frisch gemahlen
- 4 EL Petersilie, fein gehackt

Zubereitung:

Die Bohnen über Nacht in Wasser einweichen. Am nächsten Tag in frischem Wasser mit den halbierten Zwiebeln, den geschälten und klein geschnittenen Möhren und der Sellerie fast gar kochen.

Gehackte Zwiebel, Paprika und Knoblauch in Öl (unbedingt die angegebene Menge verwenden) anschmoren, Tomaten hinzufügen und sehr kräftig mit Salz und den übrigen Gewürzen würzen, weiter schmoren und eindicken lassen.

Die Bohnen zum Abtropfen in ein Sieb geben, das mitgekochte Gemüse entfernen.

Mit der Tomatensauce und der Petersilie vermischen und in einer Kasserolle im Backofen bei 160 °C noch etwa 30 Minuten überbacken. Eventuell noch mit etwas Olivenöl beträufeln.

Am besten kalt oder lauwarm servieren.

➥ **TIPP:** Dieses Gericht eignet sich auch als Vorspeise oder fürs Buffet.

Braune Linsen mit Gemüse

Zutaten:

- 250 g braune Linsen
- 2 Zwiebeln, fein gehackt
- 5 EL Olivenöl
- 250 g Möhren, gewürfelt
- 250 g Sellerie, gewürfelt
- 2 Knoblauchzehen, gepresst
- 1 Lorbeerblatt
- je $^{1}/_{2}$ TL Rosmarin, Thymian, Oregano, Basilikum, getrocknet
- 500 ml Gemüsebrühe
- 2 EL Apfelessig
- Salz
- schwarzer Pfeffer, frisch gemahlen
- Tamari

Zubereitung:

Die Linsen gründlich waschen, einige Stunden in Wasser einweichen. Abspülen und zum Abtropfen in ein Sieb geben.

Die Zwiebel in Öl andünsten, Möhren, Sellerie, Knoblauch, Kräuter und Linsen hinzufügen, mit Gemüsebrühe auffüllen. Das Gemüse gar kochen, wenn nötig, noch etwas Wasser nachgießen.

Zum Schluss mit Essig, Salz, Pfeffer und Tamari säuerlich-pikant abschmecken.

Köstliche Rezeptideen rund um die Nudel

Alle angegebenen Nudelrezepte eignen sich für Vollkornnudeln (mehr Ballaststoffe, aber erhöhte Tendenz zu kleben), Sojanudeln (hoher Eiweißgehalt, ausgezeichneter Geschmack) und biologische helle Nudeln. Die Kochzeiten der verschiedenen Nudelsorten variieren sehr stark, halten Sie sich deshalb bitte genau an die Angaben auf den Packungen.

Asiatische Nudelsuppe

Zutaten:

- 50 g Glasnudeln
- 1 Frühlingszwiebel (oder Lauch), in feine Ringe geschnitten
- 1 EL frischer, geriebener Ingwer
- 200 g Chinakohl, in feine Streifen geschnitten
- 1 Möhre, in dünne Scheiben geschnitten
- 2 EL Erdnuss- oder Sesamöl
- 1 l Gemüsebrühe
- 1 EL Tamari
- 1 Prise Cayennepfeffer

Zubereitung:

Glasnudeln 10 Minuten in heißem Wasser einweichen, anschließend durch ein Sieb abgießen.

Frühlingszwiebel, Ingwer, Chinakohl und Möhre kurz in Öl anbraten, mit heißer Gemüsebrühe aufgießen, die Glasnudeln dazugeben und alle Zutaten 5 Minuten garen.

Mit Tamari und Cayennepfeffer abschmecken.

➡ TIPP: Wenn Sie zuletzt mit 1 Esslöffel geröstetem Sesamöl würzen, schmeckt diese Suppe noch interessanter.

Tagliatelle mit grünem Spargel

Zutaten:

- 2 Frühlingszwiebeln, in feine Ringe geschnitten
- 500 g grüner Spargel, in 2 cm lange Stücke geschnitten
- 2 EL Ghee
- 100 g Crème fraîche
- 2 EL Petersilie, fein gehackt
- Salz
- schwarzer Pfeffer, frisch gemahlen
- Etwas Zitronensaft
- 500 g Tagliatelle, bissfest gekocht

Zubereitung:

Frühlingszwiebeln und Spargel in Ghee bissfest dünsten, Crème fraîche und Petersilie unterrühren, mit Salz, Pfeffer und Zitronensaft abschmecken. Portionsweise mit den warmen Nudeln anrichten.

Ritas eleganter Nudelsalat

Zutaten:

- Je $^1/_2$ TL Rosmarin, Oregano, Basilikum, getrocknet
- 500 ml Gemüsebrühe
- Salz
- 250 g dicke Suppennudeln
- 2 große Tomaten
- 250 g Zucchini, grob geraspelt
- 1 Bund Basilikum, die Blättchen in feine Streifen geschnitten
- 5 EL Apfelessig oder Balsamico
- 3 Schalotten, sehr fein gehackt
- schwarzer Pfeffer, frisch gemahlen
- 6 EL Olivenöl

Zubereitung:

Rosmarin, Oregano und getrocknetes Basilikum in der Gemüsebrühe 5 Minuten köcheln, sofort durch ein Sieb in einen Kochtopf gießen. Die Flüssigkeit mit Wasser auf 2 Liter auffüllen, Salz zufügen und die Nudeln darin bissfest kochen. Eiskalt abschrecken und gut abtropfen lassen.

Die Tomaten mit kochendem Wasser überbrühen, die Haut abziehen und die Kerne entfernen. Fruchtfleisch würfeln, mit Zucchini, Basilikumstreifen und Nudeln vermischen.

Essig mit Schalotten, Salz und Pfeffer verrühren Das Olivenöl langsam zugießen, das Dressing mit dem Schneebesen cremig rühren. Alles vermengen und eine Stunde durchziehen lassen, eventuell nachwürzen.

Grüne Nudeln mit Radicchio

Zutaten:

- 2 Schalotten, fein gehackt
- 1 Prise Hing
- 3 EL Olivenöl
- 350 g Radicchio (oder Trevisano), die Blätter in feine Streifen geschnitten
- 75 g Walnusskerne, grob gehackt
- 1–2 EL Balsamico
- 500 g grüne Bandnudeln, bissfest gekocht
- Salz
- schwarzer Pfeffer, frisch gemahlen
- geriebener Parmesan

Zubereitung:

Schalotten mit Hing in Olivenöl glasig dünsten, Radicchio und Walnüsse hinzufügen und bissfest dünsten. Mit Salz und Pfeffer würzen und mit Balsamico verrühren. Mit den Nudeln vermischen, mit Parmesan überstreut anrichten.

☛ **Hinweis:**

Dieses Nudelrezept ist besonders für Pitta- und Kapha-Konstitution geeignet, da der bittere Geschmack des Radicchio beiden gut tut.

➥ **TIPP:** Statt Radicchio kann für die Vata-Konstitution Mangold verwendet werden.

Nudel-Gemüsegratin

Zutaten:

- 200 g Auberginen, gewürfelt
- 3 EL Olivenöl
- 200 g Zucchini, gewürfelt
- 2 Knoblauchzehen, gepresst
- 250 g Champignons oder Austernpilze, klein geschnitten
- 750 g reife Tomaten, geschält und gewürfelt
- 1 EL Kräuter der Provence
- Salz
- schwarzer Pfeffer, frisch gemahlen
- 300 g Penne, bissfest gekocht (unterschiedliche Farben)
- 80 g Bergkäse, gerieben (würzig) oder 150 g Mozzarella in Scheiben (mild)

Zubereitung:

Auberginenwürfel im Öl andünsten, Zucchiniwürfel und Knoblauch hinzufügen. Kurz andünsten, dann Champignons und Tomaten dazugeben.

Mit Salz, Pfeffer und Kräutern würzen und weich garen.

Mit den Nudeln gründlich vermischen, in eine gefettete Auflaufform schichten, mit dem Bergkäse bestreuen oder mit Mozzarella belegen.

Im vorgeheizten Backofen bei 200 °C ca. 20 Minuten goldgelb backen.

Gemüselasagne

Zutaten:

Für die Gemüsesauce:

- 300 g Möhren
- 300 g Sellerie
- 200 g Lauch
- 300 g Zucchini oder Champignons
- 2 Zwiebeln, fein geschnitten
- 3 EL Olivenöl
- Knoblauch, fein gehackt, nach Geschmack
- 3 EL Tomatenmark
- 1 TL Curry
- 1 Lorbeerblatt
- 1 Prise Muskatnuss, gerieben
- Kräutersalz
- schwarzer Pfeffer, frisch gemahlen
- 125 ml Weißwein
- 250 ml Gemüsebrühe

- Butter für die Auflaufform
- 300–400 g Lasagneblätter (vorgekocht)
- 100–150 g geriebener Parmesan
- Butterflöckchen

Für die Béchamelsauce:

- 3 EL Dinkel- oder Weizenmehl
- 500 ml Milch
- 3–4 EL Butter
- 1 Prise Muskatnuss, gerieben
- Salz
- weißer Pfeffer, frisch gemahlen

Zubereitung:

Gemüse grob raspeln, mit den Zwiebeln im Öl andünsten. Knoblauch, Tomatenmark und Gewürze dazugeben, mit Wein und Brühe aufgießen, 20 Minuten dünsten, noch einmal abschmecken.

In der Zwischenzeit die Béchamelsauce zubereiten. Das Mehl ohne Fett anrösten. Wenn es zu duften beginnt, den Topf vom Herd nehmen. Abkühlen lassen. Mit dem Schneebesen die Milch einrühren, aufkochen und 2 Minuten unter Rühren köcheln lassen. Butter und Gewürze zufügen.

Eine Auflaufform mit Butter ausstreichen. Den Boden mit etwas Gemüsesauce bedecken, Lasagneblätter darauf legen, dann schichtweise etwas Gemüsesauce, 4–5 Esslöffel Béchamelsauce und etwas Parmesan darüber geben, bis alles verbraucht ist.

Mit Butterflöckchen belegen. Bei 180 °C etwa 30 Minuten überbacken, bis die Oberfläche schön gebräunt ist.

➥ TIPP: Dieses Rezept kann in gleicher Weise auch mit gekochten Hörnchennudeln oder Makkaroni zubereitet werden.

Pikantes aus Getreide

Getreidegerichte sind das Herzstück der europäischen Vollwertküche – reich an Spurenelementen, Mineralstoffen, Vitaminen, natürlichen Fetten und Ballaststoffen.

Wir sind es gewohnt, Getreide vorwiegend in Form von Brot zu uns zu nehmen. Und es schmeckt ja auch wunderbar – mit Aufstrich, zu einem Salat oder als Quarkbrot mit Schnittlauch ... Zu viel Brot kann sich allerdings negativ auf unser Verdauungssystem auswirken, besonders wenn es sich um »normales« Weiß- oder Graubrot mit Zusatzstoffen und Bäckerhefe handelt. Darum sollten Sie auf Abwechslung achten.

Getreide lässt sich hervorragend für Hauptspeisen verwenden. Erfreuen Sie sich an der Vielfalt der folgenden Gerichte und lassen Sie es sich gut schmecken!

Nach ein paar Experimenten werden Sie sehen, dass die Zubereitung keine Hexerei ist. Für Gerichte mit geschrotetem Getreide können Sie den Schrot schon am Abend zuvor zubereiten. Dies verkürzt die Zeit des Kochens, weil Sie nicht aufs Quellen warten müssen.

Getreidegerichte sind im Sinne des Ayurveda süß, verringern Vata und Pitta, und bauen Kapha auf.

☛ Hinweis:

Buchweizen zählt zu den Knöterichgewächsen. Er stammt aus Zentralasien und wird seit dem Mittelalter in Europa angebaut, als ihn die Kreuzritter und Sarazenen hierher brachten.

Im Ayurveda gilt Buchweizen als nützliche Speise bei vermehrtem Kapha.

Buchweizen
(Grundrezept)

Zutaten:

- 250 g Buchweizen
- 500 ml heiße Gemüsebrühe
- 1 Lorbeerblatt
- $^1/_2$ TL gemahlener Koriander
- 1 TL Kräuter der Provence
- Salz

Zubereitung:

Buchweizen in einem Topf ohne Fett bei mittlerer Hitze unter Rühren anrösten, bis er zu duften beginnt.

Mit der heißen Gemüsebrühe aufgießen, Lorbeerblatt, Koriander und Kräuter der Provence zufügen, kurz aufkochen, dann ohne weitere Hitzezufuhr zugedeckt quellen lassen.

➥ **TIPP:** Buchweizen eignet sich statt Reis oder Dinkelgrütze gut als Beilage zu Gemüse und Salat, vor allem bei Kapha-Konstitution.

Buchweizen-Käse-Auflauf

Zutaten:

- 250 g Buchweizen, nach dem Grundrezept (S. 213) zubereitet
- 2 Eiweiß
- 1 Prise Salz
- 2 EL Butter
- 2 Eigelb
- 200 g geriebener Käse
- 2 Knoblauchzehen, gepresst
- Salz
- schwarzer Pfeffer, frisch gemahlen
- Tamari
- 3 Tomaten, in Scheiben geschnitten
- Butterflöckchen (bei ausgeprägtem Vata)

Zubereitung:

Eiweiß mit einer Prise Salz zu steifem Schnee schlagen, die Butter mit dem Eigelb schaumig rühren.

Den ausgekühlten Buchweizen mit dem Käse und der Eigelb-Butter-Mischung verrühren, den Eischnee vorsichtig unterheben.

Mit Knoblauch, Salz, Pfeffer und Tamari abschmecken. Die Masse in eine gefettete Auflaufform streichen, mit Tomatenscheiben und Butterflöckchen belegen und ca. 30 Minuten bei 180 °C im Backofen backen.

Bulgur

(pikantes Grundrezept)

Zutaten:

- 1 Tasse Bulgur
- 3 EL Butter
- 1 EL Tomatenmark (nach Geschmack)
- 2 Tassen heiße Gemüsebrühe
- 2 Knoblauchzehen, gepresst
- 1 Prise Rohrohrzucker
- Salz

Zubereitung:

Bulgur in Butter anrösten, Tomatenmark hinzufügen und mit Gemüsebrühe aufgießen.

Die übrigen Zutaten zugeben, kurz aufkochen, Herd ausschalten, auf der noch warmen Platte mindestens 30 Minuten zugedeckt quellen lassen.

☛ **Hinweise:**

Bulgur ist Hartweizen, der gekocht, gedarrt und anschließend zu grobem Grieß gebrochen wird. Durch diese Vorbehandlung ist er sehr schnell zubereitet und leicht verdaulich.

Kinder mögen ihn sehr gerne, er schmeckt neutral und kann als Beilage ebenso verwendet werden wie als Hauptgericht.

In manchen Geschäften ist Bulgur unter dem Begriff »Perlweizen« erhältlich.

Besonders wohlschmeckend und mineralstoffreich ist Dinkelbulgur.

Vata und Kapha lieben seine gute Verdaulichkeit und seine leicht wärmenden Eigenschaften.

Dinkel-Möhren-Auflauf

Zutaten:

- 250 g Dinkel
- 1 EL Instant-Gemüsebrühe
- 1 Lorbeerblatt
- 1/2 TL Koriander
- 1/2 TL Basilikum (getrocknet)
- 500 g Möhren
- 125 ml Sauerrahm
- 2 Eier
- 2 EL Petersilie
- Salz
- schwarzer Pfeffer, frisch gemahlen
- Tamari
- Semmelbrösel
- Butter für die Auflaufform
- 50 g geriebener Käse (bei Kapha-Konstitution weglassen)

Zubereitung:

Den Dinkel über Nacht in der doppelten Menge Wasser einweichen. Am nächsten Tag mit Einweichwasser, Gemüsebrühe, Lorbeerblatt, Basilikum und Koriander gar kochen. Mindestens 20 Minuten zugedeckt quellen lassen, dann das restliche Kochwasser abgießen. Das Kochwasser enthält Mineralstoffe und Spurenelemente – am besten für eine Suppe oder Sauce verwenden.

In der Zwischenzeit die Möhren schälen, klein schneiden und in etwas Gemüsebrühe weich dünsten. Abkühlen lassen, zum

Abtropfen in ein Sieb geben, anschließend mit Sauerrahm und Eiern pürieren.

Möhrenpüree mit Dinkel und Petersilie vermischen, mit Salz, Pfeffer und Tamari abschmecken. Falls die Masse noch flüssig ist, mit Bröseln vermischen, bis eine cremige Konsistenz erreicht ist.

Eine Auflaufform mit Butter ausstreichen und mit Bröseln bestreuen. Die Dinkel-Möhrenmasse hineinstreichen. Mit Käse und einer Schicht Brösel bestreuen, mit Butterflöckchen belegen.

Bei 180 °C ca. 30 Minuten im Backofen backen.

Bulgur auf Selleriekanapee

Zutaten:

- 1 Tasse Bulgur, nach Grundrezept (S. 215) zubereitet
- 4–8 Scheiben Sellerie, ca. 1,5 cm dick
- etwas Gemüsebrühe
- etwas Zitronensaft
- 1 Zwiebel, fein gehackt
- 1 EL Ghee
- 200 g Champignons, klein geschnitten
- Salz
- 2 EL Petersilie, fein gehackt
- Salz
- schwarzer Pfeffer, frisch gemahlen
- Tamari
- 50 g geriebener Käse
- Butterflöckchen

Zubereitung:

Selleriescheiben in wenig Gemüsebrühe und Zitronensaft bissfest garen.

Zwiebel in Ghee glasig dünsten, Champignons hinzufügen und gar dünsten. Etwas salzen.

Die Champignons mit dem Bulgur und der Petersilie mischen, mit Salz, Pfeffer und Tamari pikant abschmecken.

Die Selleriescheiben auf ein gefettetes (oder mit Backpapier ausgelegtes) Backblech legen. Eine kleine Tasse oder Form mit kaltem Wasser ausspülen, den Bulgur portionsweise hineindrücken und auf jeweils eine Selleriescheibe setzen. Diese mit Käse bestreuen, mit einem Butterflöckchen belegen und bei 180 °C kurz im Backofen überbacken, bis der Käse geschmolzen ist. Mit Zitronensauce servieren.

Dinkel-Champignon-Auflauf

Zutaten:

- 500 ml Gemüsebrühe
- 1 Lorbeerblatt
- $^1/_2$ TL Liebstöckel
- $^1/_2$ TL Majoran
- 250 g Dinkel, grob geschrotet
- 3 EL Butter
- 300 g Champignons, blättrig geschnitten
- Muskatnuss, frisch gerieben
- Tamari
- schwarzer Pfeffer, frisch gemahlen
- Salz
- 2 EL Butter für die Auflaufform
- 100 g geriebener Käse nach Belieben und Verdauungskraft

Zubereitung:
Gemüsebrühe mit Lorbeer, Liebstöckel und Majoran aufkochen.

Dinkelschrot unterrühren, kurz köcheln lassen, dann Hitze abschalten, 2 EL Butter zufügen und zugedeckt etwa 15 Minuten ausquellen lassen.

Champignons kurz in der restlichen heißen Butter wenden, mit Muskat, Tamari und Pfeffer würzen.

Den ausgekühlten Schrot mit Salz und Tamari nachwürzen und in eine gebutterte Auflaufform streichen.

Darüber die Champignons schichten. Mit Käse bestreuen und bei ca. 180 °C ca. 30 Minuten überbacken.

Dinkellaibchen

Zutaten:

- 450 ml Gemüsebrühe
- 1 EL getrocknete Kräuter (Basilikum, Thymian, Rosmarin)
- 1 Lorbeerblatt
- 200 g Dinkel, geschrotet
- 1 EL Butter
- 1 EL Petersilie, fein gehackt
- 1 Knoblauchzehe, gepresst
- 1 Tasse klein geschnittenes gedünstetes Gemüse nach Belieben)
- Salz
- schwarzer Pfeffer, frisch gemahlen
- Mehl oder Semmelbrösel zum Wälzen
- Ghee zum Ausbacken

Zubereitung:

Gemüsebrühe mit den getrockneten Kräutern und dem Lorbeerblatt aufkochen. Den Dinkelschrot unterrühren. Kurz aufkochen lassen, vom Herd nehmen und zugedeckt 15 Minuten quellen lassen. Mit Butter, Petersilie, Knoblauch (und dem gedünsteten Gemüse) vermischen, gut würzen.

Mit nassen Händen kleine Laibchen formen, in Mehl oder Bröseln wälzen und in Ghee ausbacken.

Dinkel-Käse-Curry-Laibchen

(knusprig und pikant)

Zutaten:

- 450 ml Gemüsebrühe
- 1 Lorbeerblatt
- 1 Prise Macis
- 200 g Dinkel, geschrotet
- 70 g geriebenen Käse
- 1 TL Curry-Mischung
- 1 EL Butter
- Ghee zum Ausbacken

Zubereitung:

Gemüsebrühe mit Lorbeerblatt und Macis aufkochen. Dinkel unterrühren. Kurz aufkochen lassen, vom Herd nehmen, Butter zufügen und zugedeckt 15 Minuten quellen lassen.

Den abgekühlten Dinkelschrot mit dem Käse und der Curry-Mischung vermengen, mit nassen Händen Laibchen formen und in Ghee ausbacken.

➥ **TIPP:** Dazu schmecken orientalische Joghurtsauce oder Joghurtsauce mit Kräutern.

☛ **Hinweise:**

Macis (Muskatblüte) ist der faserige Samenmantel, von dem die Muskatnuss umgeben ist. Sie hat ein charakteristisches Aroma und wird als Gewürz verwendet.

Das Wort *Curry* stammt vom tamilischen Wort »Kari« ab, das Sauce bedeutet. Und für diese Sauce kommt es auf die Gewürzmischung an. Curry-Mischungen, die in Mitteleuropa am Markt sind, enthalten fast immer Bockshornkleesamen (typisches Aroma) und Gelbwurzel (typische Farbe), daneben Gewürze wie Koriander, Kreuzkümmel und Ingwer.

Gerste-Wirsing-Auflauf

Zutaten:

- 200 g Gerste, grob geschrotet
- 500 ml heiße Gemüsebrühe
- 1 Lorbeerblatt
- 1/2 TL Koriander, gemahlen
- 1/2 TL Kreuzkümmel, gemahlen
- 1 Zwiebel, fein gehackt
- 2 EL Butter oder Ghee
- 400 g Wirsing
- 2 TL Curry-Mischung
- 2 Knoblauchzehen, gepresst
- Salz
- schwarzer Pfeffer, frisch gemahlen
- Tamari
- 2 Eigelb
- 2 Eiweiß
- Butter für die Auflaufform
- Semmelbrösel
- Butterflöckchen
- 100 g geriebener Käse (nach Belieben)

Zubereitung:

Gerste ohne Fett in einem Edelstahltopf unter Rühren anrösten, bis sie zu duften beginnt.

Gemüsebrühe, Lorbeerblatt, Koriander und Kreuzkümmel zufügen, kurz köcheln lassen, vom Herd nehmen und zugedeckt mindestens 30 Minuten quellen lassen.

In der Zwischenzeit die Zwiebel in Butter oder Ghee andünsten. Den Wirsing waschen und in Streifen schneiden. Hinzufügen und mit etwas Wasser bissfest dünsten. Mit Curry, Knoblauch, Salz, Pfeffer und Tamari gut würzen.

Den abgekühlten Gerstenschrot mit Wirsing-Zwiebel-Mischung und dem Eigelb vermischen. Eiweiß steif schlagen und vorsichtig unterheben.

Die Masse in eine gefettete, mit Semmelbröseln ausgestreute Auflaufform streichen. Mit Käse und Bröseln bestreuen und nach Geschmack mit Butterflöckchen belegen. Bei 180 °C ca. 30 Minuten im Backofen überbacken.

Kochdinkel und Dinkelgrütze

Für den Kochdinkel werden die Randschichten der Getreidekörner abgeschliffen – was eine rasche Zubereitung und eine bessere Verdaulichkeit gegenüber dem ganzen Dinkelkorn bewirkt.

Für die Dinkelgrütze wird das Getreide geschrotet und schonend durch Zufuhr von Wärme behandelt. Die Körner werden dadurch aufgeschlossen und sind leicht verdaulich. Sie können es ebenso zubereiten wie Kochdinkel.

Zutaten:

- 1 TL schwarze Senfkörner
- 1 TL Kreuzkümmel
- 2 EL Ghee
- 4 Tassen heiße Gemüsebrühe
- Salz
- schwarzer Pfeffer, frisch gemahlen
- 1 $^{1}/_{2}$ Tassen Kochdinkel oder Dinkelgrütze

Zubereitung:

Senfkörner und Kreuzkümmel in Ghee rösten, bis sie platzen. Mit Gemüsebrühe aufgießen, den Kochdinkel unterrühren, salzen und pfeffern und zugedeckt auf kleiner Flamme köcheln lassen.

Wenn das Wasser aufgesogen ist, den Topf vom Herd nehmen und den Dinkel zugedeckt 15 Minuten quellen lassen.

➡ **TIPP:** Kochdinkel eignet sich als Beilage zu Paprikagemüse, zu Gurken in Käse-Rahmsauce und zu vielen anderen Gemüsegerichten: Er schmeckt ebenso zu Dhals und Chutneys.

Gerste-Sellerie-Auflauf

Zutaten:

- 200 g Gerste, grob geschrotet
- 500 ml heiße Gemüsebrühe
- 1 Lorbeerblatt
- $^1/_2$ TL Liebstöckel
- $^1/_2$ TL Basilikum
- 500 g Knollensellerie
- 2 EL Öl
- Salz
- schwarzer Pfeffer, frisch gemahlen
- Shoyu
- 125 ml Sauerrahm
- 50 g geriebener Käse
- Butterflöckchen (nach Belieben)

Zubereitung:

Gerste ohne Fett unter Rühren anrösten, bis sie zu duften beginnt. Mit Gemüsebrühe aufgießen, Lorbeerblatt, Liebstöckel und Basilikum dazufügen. Kurz köcheln, vom Herd nehmen und mindestens 30 Minuten zugedeckt quellen lassen.

Sellerie schälen und in Würfel schneiden. In Öl andünsten, dann mit wenig Wasser bissfest garen, gut würzen. Abkühlen lassen.

Sellerie, Gerste und Sauerrahm mischen, in eine gefettete Auflaufform streichen, mit Käse und bei Bedarf mit Butterflöckchen belegen und bei 180 °C ca. 30 Minuten im Backofen überbacken.

Delikate Grießklöße in der Auflaufform

Zutaten:

- 2 Tassen Gemüsebrühe
- 1 Lorbeerblatt
- 1 Prise Muskatnuss, frisch gerieben
- 1 Prise Koriander, gemahlen
- 1 Tasse grober Vollkorngrieß
- 1 Zwiebel, fein gehackt
- 2 EL Butter
- 1 Tasse Vollkorn-Brotwürfel
- 2 verquirlte Eier
- 2 EL Petersilie, fein gehackt
- Salz
- schwarzer Pfeffer, frisch gemahlen
- Tamari
- etwas geschmolzene Butter

Zubereitung:

Gemüsebrühe mit Lorbeerblatt, Muskatnuss und Koriander aufkochen. Grieß unterrühren und kurz aufkochen lassen. Vom Herd nehmen und mindestens 30 Minuten zugedeckt quellen lassen. In der Zwischenzeit die Zwiebel in der Butter glasig dünsten, die Brotwürfel hinzufügen und anrösten, bis es leicht bräunt und zu duften beginnt. Den Backofen auf 180 °C vorheizen.

Den abgekühlten Grieß mit der Zwiebel-Brotmasse, den Eiern und der Petersilie mischen. Mit Salz, Pfeffer und Tamari würzen. Aus der Masse mit nassen Händen kleine Klöße formen und in eine gefettete Auflaufform setzen.

Etwa 125 ml warmes Wasser mit Tamari und geschmolzener Butter verrühren und über die Klöße gießen.

Die Form mit einem Deckel oder mit Alu-Haushaltsfolie abdecken und bei 180 °C ca. 20 Minuten im Backofen garen.

➥ **TIPP:** Dazu schmeckt Dill-Rahm-Sauce oder Champignonsauce.

Gerste-Käse-Plätzchen

Zutaten:

- 200 g Gerste, geschrotet
- 500 ml heiße Gemüsebrühe
- 1 Lorbeerblatt
- 1 TL Kräuter der Provence
- 1 TL Curry-Mischung
- Salz oder Tamari
- 1–2 Knoblauchzehen, gepresst
- 1 EL Butter
- 50 g geriebener Käse
- 1 TL Senf
- 1 EL Petersilie, fein gehackt
- 1 Ei (nach Belieben)
- Salz
- Ghee zum Ausbacken
- Mehl zum Wenden

Zubereitung:

Gerste ohne Fett unter Rühren anrösten, bis sie zu duften beginnt. Mit der heißen Gemüsebrühe aufgießen, alle Gewürze außer Senf dazugeben. Kurz aufkochen lassen, vom Herd nehmen und mindestens 30 Minuten zugedeckt quellen lassen. Butter unterrühren, abkühlen lassen.

Mit Käse, Senf, Petersilie und nach Geschmack mit einem Ei mischen. Bei Bedarf salzen.

Mit nassen Händen kleine Laibchen formen, in Mehl wenden und in Ghee knusprig braten.

Grünkernklöße

Zutaten:

- 500 ml Gemüsebrühe
- 1 Lorbeerblatt
- 1 TL Majoran
- 1 Prise Muskatnuss, frisch gerieben
- 250 g Grünkern, geschrotet
- 2 Eier oder 125 ml Sauerrahm
- 1 TL Senf
- 2 Knoblauchzehen, gepresst
- 1 TL Paprika edelsüß
- Kräutersalz
- Tamari
- Butter für die Form
- 125 ml Wasser
- 3–4 EL geschmolzene Butter

Zubereitung:

Gemüsebrühe mit Lorbeerblatt, Majoran und Muskat aufkochen, den Grünkernschrot unterrühren und kurz aufkochen lassen. Vom Herd nehmen und zugedeckt mindestens 30 Minuten zugedeckt quellen lassen.

Den Backofen auf 180 °C vorheizen.

Den ausgekühlten Grünkernschrot mit Eiern oder Sauerrahm, Senf, Knoblauch und Paprika mischen. Mit Kräutersalz und Tamari würzen. Mit nassen Händen kleine Klöße formen und in eine gefettete Auflaufform setzen.

Wasser etwas erwärmen und mit Tamari und geschmolzener Butter verrühren. Über die Klöße gießen.

Die Form mit einem Deckel oder mit Alu-Haushaltsfolie verschließen und bei 180 °C ca. 20 Minuten im Backofen garen.

➥ TIPP: Dazu schmeckt Kapernsauce, Lauchcreme oder Selleriegemüse in Ei-Zitronen-Sauce.

☛ Hinweis:

Grünkern ist Dinkel. Das Getreide wird in der Milchreife geerntet und danach gedarrt, das heißt unter Einwirkung von Wärme getrocknet. Deshalb schmeckt Grünkern pikanter als alle anderen Körner und verträgt auch kräftiges Würzen sehr gut.

Grünkernauflauf mit Brokkoli

Zutaten:

- 500 ml Gemüsebrühe
- 1 Lorbeerblatt
- 1/2 TL Basilikum
- 1/2 TL Thymian
- 250 g Grünkern, nicht zu grob geschrotet
- 300 g Brokkoli
- 3 EL Butter
- 2 Knoblauchzehen, gepresst
- Tamari
- Kräutersalz
- schwarzer Pfeffer, frisch gemahlen
- 50 g geriebener Käse (nach Belieben)
- 2 EL Petersilie, fein gehackt
- Butter für die Auflaufform
- 125 ml Sauerrahm
- 2 Eier
- Butterflöckchen

Zubereitung:
Gemüsebrühe mit Lorbeerblatt, Basilikum und Thymian aufkochen, den Grünkernschrot unterrühren, kurz aufkochenlassen, vom Herd nehmen und zugedeckt mindestens 30 Minuten quellen lassen.

In der Zwischenzeit den Brokkoli in Röschen teilen, in der Butter andünsten, Knoblauch zugeben, mit Tamari, Salz und Pfeffer würzen und in sehr wenig Wasser bissfest dünsten.

Den Backofen auf 180 °C vorheizen.

Den abgekühlten Grünkernschrot mit Käse, Petersilie und Brokkoli vermischen, nachwürzen.

In eine gefettete Auflaufform streichen.

Sauerrahm mit Eiern, Pfeffer und etwas Tamari verrühren und über den Auflauf gießen.

Mit Butterflöckchen belegen und ca. 30 Minuten bei 180 °C im Backofen backen.

➥ **TIPP:** Dazu passt Püree aus gelben Rüben (gelben Beten), Zitronensauce oder Tomatensauce.

Hafer auf Gemüsebett

Zutaten:

- 250 g Hafer
- 250 ml–1 l heiße Gemüsebrühe
- 1 Lorbeerblatt
- 1/2 TL Koriander, gemahlen
- 4 EL Butter
- 2 Stangen Lauch (Porree), in Ringe geschnitten
- 3 mittelgroße Möhren, geraspelt
- Salz
- schwarzer Pfeffer, frisch gemahlen
- Tamari
- Haferflocken nach Bedarf
- Butter für die Auflaufform
- Sesam zum Ausstreuen
- 2 Eier
- 125 ml Sauerrahm
- 2 Tomaten, in Scheiben geschnitten
- Butterflöckchen

Zubereitung:

Hafer in einem Topf ohne Fett rösten, bis er zu duften beginnt. Heiße Gemüsebrühe mit Lorbeerblatt und Koriander zugießen und den Hafer auf geringer Hitze gar kochen. Zwei Esslöffel Butter zufügen, zugedeckt 15 Minuten quellen lassen.

In der Zwischenzeit Lauch und Möhren in der restlichen Butter bissfest dünsten, mit Salz, Pfeffer und Tamari abschmecken.

Den Backofen auf 180 °C vorheizen.

Der ausgekühlte Hafer sollte ein dicker Brei sein. Wenn er noch zu flüssig ist, Haferflocken unterrühren und kurz quellen lassen.

Die Auflaufform mit Butter bestreichen und mit Sesam ausstreuen. Das Gemüse einschichten. Darüber den Hafer streichen.

Eier und Rahm mischen und über den Hafer gießen. Mit Tomatenscheiben und Butterflöckchen belegen und bei 180 °C ca. 30 Minuten im Backofen überbacken.

➥ **TIPP:** Dazu passt südliche Tomatensauce.

Überbackene Gemüsehirse

Zutaten:

- 200 g Hirse
- 1 Zwiebel, fein gehackt
- 4 EL Butter
- 600 ml heiße Gemüsebrühe
- 1 Lorbeerblatt
- 1/2 TL Thymian
- 1/2 TL Rosmarin
- 500 g Gemüse, klein geschnitten (Möhren, Lauch, Blumenkohl, Champignons, Erbsen)
- 2 Knoblauchzehen, gepresst
- Butter für die Auflaufform
- 125 ml Sauerrahm
- Salz
- schwarzer Pfeffer, frisch gemahlen
- Tamari
- 50 g geriebener Käse (nach Belieben)
- Butterflöckchen

Zubereitung:

Die Hirse unter heißem Wasser waschen.

Zwiebel in 2 Esslöffeln von der Butter andünsten, Hirse dazugeben und kurz mitdünsten.

Gemüsebrühe, Lorbeerblatt, Thymian und Rosmarin zufügen und die Hirse auf kleiner Flamme köcheln, bis die Flüssigkeit aufgesogen und die Hirse weich ist, dabei immer wieder umrühren. Vom Herd nehmen und mindestens 15 Minuten zugedeckt quellen lassen.

In der Zwischenzeit das Gemüse in der restlichen Butter andünsten, den Knoblauch hinzufügen und mit wenig Gemüsebrühe bissfest garen.

Den Backofen auf 180 °C vorheizen.

Eine Auflaufform fetten. Die abgekühlte Hirse mit Gemüse und Rahm mischen, würzen und in die Form streichen. Mit Käse bestreuen und mit Butterflöckchen belegen. Bei 180 °C ca. 20 Minuten im Backofen überbacken.

Hirsotto mit Algen

Zutaten:

- 3 Tassen Gemüsebrühe
- 1 Lorbeerblatt
- 1/4 bis 1/2 TL Gelbwurz
- 1 Tasse Hirse
- 4 EL Butter
- 3 EL Hiziki-Algen
- 1 Zwiebel, fein gehackt
- 1/2 TL Schabzigerklee
- 1/2 TL Kreuzkümmel, gemahlen
- 1 Prise Muskatnuss, gerieben
- 1 Knoblauchzehe, gepresst
- 1 Tasse frische oder TK-Erbsen
- Shoyu
- Salz
- langer oder schwarzer Pfeffer, frisch gemahlen
- 1 TL Zitronensaft
- 2 EL Petersilie, fein gehackt (oder andere frische Kräuter)

Zubereitung:

Gemüsebrühe mit Lorbeerblatt und Gelbwurz aufkochen, die Hirse einrühren und auf kleiner Flamme köcheln, bis die Flüssigkeit aufgesogen und die Hirse weich ist, dabei immer wieder umrühren. Vom Herd nehmen, 2 Esslöffel Butter zugeben und mindestens 15 Minuten zugedeckt quellen lassen.

In der Zwischenzeit etwas Wasser aufkochen und die Algen darin 15 Minuten einweichen.

Zwiebel in der restlichen Butter andünsten, Schabzigerklee, Kreuzkümmel, Muskat, Knoblauch und Erbsen zufügen und kurz mitdünsten. Mit Shoyu, Salz und Pfeffer würzen.

Die Algen abtropfen lassen, mit Zitronensaft würzen und klein schneiden. Mit der Hirse und den Erbsen mischen.

Die Masse portionsweise in einen nassen Schöpflöffel oder in eine Tasse drücken. Diese auf jeweils eine Portion Möhrenschaum setzen und mit gehackter Petersilie oder anderen Kräutern bestreuen.

➥ **TIPP:** Dazu können Sie Möhrenpüree reichen.

Gebackene Maisschnitten

Zutaten:

- 250 g grober Maisgrieß, zubereitet nach Polentagrundrezept (S. 239)
- Ghee zum Ausbacken
- etwas geriebener Käse

Zubereitung:
Die fertig gekochte, noch heiße Polenta in eine mit Wasser ausgespülte Kastenform drücken, auskühlen lassen. Anschließend stürzen und mit einem Messer in Scheiben schneiden. Die Scheiben in Ghee knusprig braten. Nach Wunsch mit Käse bestreuen.

➥ **TIPP:** Die Maisschnitten schmecken gut zu Tomatensauce oder mit gedünstetem Gemüse.

Hirse-Spinatklöße

Zutaten:

- 3 Tassen Gemüsebrühe
- 1 Lorbeerblatt
- 1 TL Kräuter der Provence
- 1 Tasse Hirse
- 4 EL Butter
- 1 Zwiebel, fein gehackt
- 200 g frischen oder TK-Blattspinat
- 1 Prise Muskatnuss, gerieben
- 1 Knoblauchzehe, gepresst
- Tamari
- Salz
- schwarzer Pfeffer, frisch gemahlen
- 1 Ei
- Butter für die Auflaufform
- 125 ml Wasser
- etwas zerlassene Butter

Zubereitung:

Gemüsebrühe mit Lorbeerblatt und Kräutern der Provence aufkochen, Hirse einrühren und auf kleiner Flamme köcheln, bis die Flüssigkeit aufgesogen und die Hirse weich ist, dabei immer wieder umrühren. Vom Herd nehmen, 2 Esslöffel Butter einrühren und mindestens 15 Minuten zugedeckt quellen lassen.

In der Zwischenzeit die Zwiebel in der restlichen Butter andünsten, Spinat dazugeben, mit Muskat, Knoblauch, Tamari, Salz und Pfeffer würzen. Weich garen (bei Bedarf etwas Flüssigkeit zugeben). Abkühlen lassen und klein hacken. Mit der ausgekühlten Hirse und dem Ei mischen.

Den Backofen auf 180 °C vorheizen.

Mit nassen Händen Klöße formen und in eine gefettete Auflaufform setzen. Wasser erwärmen, mit etwas Tamari und der geschmolzenen Butter verrühren und über die Klöße gießen.

Die Form mit einem Deckel oder mit Alu-Haushaltsfolie verschließen und bei 180 °C ca. 20 Minuten im Backofen garen.

Hirse-Gemüsekroketten

Zutaten:

- 3 Tassen Gemüsebrühe
- 1 TL Kräuter der Provence
- 1/2 TL Dill, getrocknet
  3 zerriebene Curryblätter
- 1 Tasse Hirse
- 1 EL Butter
- 1 Tasse fein geschnittenes, bissfest gedünstetes Gemüse
- 1 Ei
- 1 EL Petersilie, fein gehackt
- 1 Knoblauchzehe, gepresst
- Salz
- schwarzer Pfeffer, frisch gemahlen
- Tamari
- Mehl zum Wälzen
- Ghee zum Ausbacken

Zubereitung:

Gemüsebrühe mit den getrockneten Kräutern aufkochen lassen, die Hirse unterrühren und weich garen. Vom Herd nehmen, Butter unterrühren und 15 Minuten zugedeckt quellen lassen.

Mit Gemüse, Ei, Petersilie und Knoblauch mischen, mit Salz, Pfeffer und Tamari würzen.

Mit nassen Händen Kroketten formen, in Mehl wälzen und in einer Pfanne in Ghee ausbacken.

➥ **TIPP:** Lauchcreme oder Joghurtsauce und gemischte Rohkostsalate eigen sich als Beilage.

Polenta

(Grundrezept Maisgrieß)

Zutaten:

- 625 ml Gemüsebrühe
- 1 EL Butter
- 1 Lorbeerblatt
- je ½ TL Majoran, Basilikum, Thymian, Liebstöckel
- Salz
- 250 g grober Maisgrieß

Zubereitung:

Gemüsebrühe mit der Butter und den Gewürzen aufkochen und das Lorbeerblatt entfernen. Maisgrieß mit dem Schneebesen unterrühren. Einige Minuten bei geringer Hitze unter Rühren köcheln (Vorsicht, kann spritzen!), dann die Hitze abstellen und den Maisgrieß auf der Herdplatte 30 Minuten zugedeckt quellen lassen.

☛ **Hinweis:**

Da *Mais* nicht alle essenziellen Aminosäuren enthält, sollten Sie ihn immer mit etwas Eiweiß kombinieren – mit Käse, Eiern oder Hülsenfrüchten –, um eine vollwertige Mahlzeit einzunehmen.

Maispizza mit Blattspinat und Schafskäse

Zutaten:

- Polenta nach Grundrezept (S. 239)
- 500 g frischer oder TK-Blattspinat
- 1 Zwiebel, fein gehackt
- 3 EL Olivenöl
- 2 Knoblauchzehen, gepresst
- 1 Prise Muskatnuss, gerieben
- Tamari
- Salz
- schwarzer Pfeffer, frisch gemahlen
- 250 g Champignons, in Scheiben geschnitten
- Butter für die Auflaufform
- 100 g Schafskäse
- 50 g geriebener Käse
- 3 EL Sonnenblumenkerne

Zubereitung:

Frischen Blattspinat blanchieren, (TK-Blattspinat auftauen), in einem Sieb gut abtropfen lassen und klein schneiden.

Zwiebel in 2 Esslöffeln vom Öl andünsten, den zuvor blanchierten Blattspinat hinzufügen, kurz mitdünsten und mit Knoblauch, Muskat, Tamari, Salz und Pfeffer würzen. Abkühlen lassen und mit den Champignons vermischen.

Den Backofen auf 200 °C vorheizen.

Eine längliche Auflaufform (ca. 20 x 30 cm) mit Butter einreiben. Den zuvor gekochten Maisgrieß mit nassen Händen hineindrücken. Die Spinat-Champignons-Mischung darauf streichen.

Den Schafskäse darüber bröckeln, mit Käse und Sonnenblumenkernen bestreuen, mit dem restlichen Öl beträufeln und bei 200 °C 15 Minuten im Backofen überbacken.

Maisauflauf mit Möhren

Zutaten:

- Polenta nach Grundrezept (S. 239)
- 250 g Möhren, gerieben
- 2 EL Butter
- 1 Knoblauchzehe, gepresst
- Tamari
- Salz
- schwarzer Pfeffer, frisch gemahlen
- Butter für die Auflaufform
- 50 g geriebener Käse (nach Belieben)
- 2 Tomaten, in Scheiben geschnitten
- Butterflöckchen

Zubereitung:

Möhren in Butter andünsten und mit Knoblauch, Tamari, Salz und Pfeffer würzen. Unter die Polenta mischen.

Den Backofen auf 180 °C vorheizen.

Die Möhren-Polenta-Masse in eine gefettete Auflaufform streichen, mit Käse bestreuen, mit Tomatenscheiben und Butterflöckchen belegen. Bei 180 °C ca. 30 Minuten im Backofen überbacken.

➡ **TIPP:** Joghurtsauce mit Kräutern, orientalische Joghurt-Sauce, Wurzelsauce oder Lauchcreme eignen sich als Beilage.

Mais-Gemüseauflauf

Zutaten:

- 300 g gemischtes Gemüse, klein geschnitten
- 2 EL Butter
- 150 g grober Maisgrieß
- 50 g Dinkelmehl
- 1 TL Weinstein-Backpulver
- 2 Eier
- 250 ml Milch
- 125 ml Sahne
- Salz
- je $^1/_2$ TL Thymian, Rosmarin, Oregano
- schwarzer Pfeffer, frisch gemahlen
- 50 g frisch geriebener Parmesan
- Tamari
- Butter für die Auflaufform

Zubereitung:

Das Gemüse in Butter bissfest dünsten. Mais, Dinkelmehl und Backpulver gut mischen.

Den Backofen auf 200 °C vorheizen.

Eier mit Milch, Sahne und den Gewürzen verrühren und mit dem Getreide, dem Gemüse und dem Parmesankäse mischen. Mit Salz, Pfeffer und Tamari abschmecken und in eine gefettete Auflaufform füllen. Bei 200 °C ca. 30 Minuten im Backofen garen.

Weißer Basmatireis

(Grundrezept)

Zutaten:

- 2 Tassen weißer Basmatireis
- 4 Tassen Wasser
- 2 EL Ghee
- 1 TL schwarze Senfkörner
- 1 TL Kreuzkümmel, gemahlen oder ganz
- 1 Prise Salz

Zubereitung:

Den Reis gründlich mit kaltem Wasser waschen.

Ghee erhitzen, Senfkörner und Kreuzkümmel darin anrösten, bis die Körner platzen.

Reis, Wasser und etwas Salz zufügen, gut umrühren. Zugedeckt bei niedriger Hitze köcheln lassen, bis das Wasser völlig aufgesogen ist.

Den Herd ausstellen und den Reis auf der Herdplatte zugedeckt nachquellen lassen.

☛ **Hinweise:**

Geschmack und Aroma von *Basmatireis* sind unvergleichlich. In der Ernährung des Ayurveda gilt weißer Basmatireis als ausgleichend für alle drei Doshas und als »sattwisch«. Er ist ausgezeichnet verdaulich. Ungewürzt hat er leicht kühlende Energien.

Echter Basmatireis wird im Himalaya angebaut. Dieselbe Sorte wird jedoch auch in anderen Ländern angebaut, beispielsweise in den USA. Dann nennt er sich »Reis nach Basmati-Art«.

Basmati-Vollreis

(Grundrezept)

Zutaten:

- 2 Tassen Basmati-Vollreis
- 5 Tassen Wasser
- 1 TL schwarze Senfkörner
- 2 EL Ghee
- $^1/_2$ TL Kreuzkümmel
- $^1/_2$ TL Kurkuma (Gelbwurz)
- 1 Prise Salz

Zubereitung:

Den Reis kalt waschen und mindestens 1 Stunde in 5 Tassen kaltem Wasser einweichen.

Die Senfkörner im Ghee anrösten, bis sie platzen, dann Kreuzkümmel, Kurkuma, den Reis mit dem Einweichwasser und 1 Prise Salz hinzufügen.

Auf niedriger Hitze köcheln lassen, bis das Wasser völlig aufgesogen ist. Ohne weitere Hitzezufuhr zugedeckt quellen lassen.

➥ **TIPPS:** Lassen Sie Ihrer Fantasie beim Würzen von Basmati-Reis freien Lauf und variieren Sie auch den Doshas gemäß in Auswahl und Dosierung.

Anregungen: Safran, Kardamom, Koriander (Vata-, Pitta-, Kapha-Konstitution), Gewürznelken (v. a. Kapha-Konstitution), Fenchel, Anis (v. a. Vata-Konstitution).

☛ **Hinweis:**

Basmati-Vollreis besitzt mehr wertvolle Inhalts- und Ballaststoffe als weißer Basmati, braucht aber ein kräftig loderndes Agni (Verdauungsfeuer), damit diese aufgenommen werden können.

Um einen Topf mit Basmatireis lassen sich alle Dhals, Chutneys, Saucen und viele der Gemüsegerichte gruppieren.

Pikanter Mandelreis mit Rosinen

Zutaten:

- 1 Zwiebel, fein gehackt
- 4 EL Butter
- 1 TL Zimt
- je 1 Prise Nelkenpulver, Koriander, Kardamom und schwarzer Pfeffer, gemahlen
- 1 Prise Salz
- 1 Tasse Langkorn-Vollkornreis
- 3 Tassen heiße Gemüsebrühe
- 2 EL Rosinen
- 50 g Mandeln, gehackt
- 2 EL Zitronensaft
- 1 TL geriebene Zitronenschale

Zubereitung:

Zwiebel in 2 Esslöffeln von der Butter andünsten, die Gewürze und den Reis dazugeben, mit Gemüsebrühe aufgießen und gar kochen. Die Rosinen unterrühren und noch 10–20 Minuten quellen lassen.

Die gehackten Mandeln in der restlichen Butter goldgelb rösten, mit der Zitronenschale und dem Zitronensaft unter den fertigen Reis mischen.

Überbackener Gemüsereis

Zutaten:

- 4 Tassen Gemüsebrühe
- 1 Lorbeerblatt
- 1 TL Kräuter der Provence
- 1 1/2 Tassen Langkornreis
- 1 Zwiebel, fein gehackt
- 2 EL Butter
- 500 g klein geschnittenes Gemüse
- 1 TL Liebstöckel
- 1 Knoblauchzehe, gepresst
- Tamari
- Salz
- schwarzer Pfeffer, frisch gemahlen
- Butter für die Auflaufform
- 50 g geriebener Käse
- 1 Zucchini, in Scheiben geschnitten
- Butterflöckchen

Zubereitung:

Gemüsebrühe mit Lorbeerblatt und Kräutern der Provence aufkochen, den Reis unterrühren und gar kochen. Etwa 10 Minuten quellen lassen, das Lorbeerblatt entfernen.

Zwiebel in Butter andünsten, die Gemüsemischung, Liebstöckel und Knoblauch dazugeben und mit wenig Wasser bissfest garen. Mit Tamari, Salz und Pfeffer abschmecken.

Den Backofen auf 180 °C vorheizen.

Reis und Gemüsemischung gut miteinander vermengen. In eine gefettete Auflaufform füllen. Den Käse darüber streuen, mit Zucchinischeiben und Butterflöckchen belegen.

Bei 180 °C ca. 20 Minuten im Backofen überbacken.

Indischer Reis mit Linsen

Zutaten:

- Basmatireis nach Grundrezept (S. 243 oder 244)
- 100 g braune Linsen
- 1 Zwiebel, fein gehackt
- 1 kleine Prise Hing
- 1 TL frische Ingwerwurzel, gehackt
- 2 EL Ghee
- 1 Lorbeerblatt
- 2 Gewürznelken
- 1 Tasse Gemüsebrühe
- 1 Prise Salz
- langer Pfeffer, frisch gemahlen, oder Trikatu
- 1 TL Garam Masala
- 1 Prise Cayennepfeffer
- 80 g Cashewkerne, grob gehackt

Zubereitung:

Die Linsen gründlich waschen und in einem Sieb abtropfen lassen.

Zwiebel, Hing und Ingwer in Ghee anrösten, die Linsen mit dem Lorbeerblatt und den Nelken dazugeben, mit Gemüsebrühe auffüllen und zum Kochen bringen. Linsen gar kochen.

Anschließend Lorbeerblatt und Nelken entfernen, mit Salz, Pfeffer, Garam Masala und Cayennepfeffer abschmecken und mit dem gekochten Basmatireis mischen.

Die Cashewkerne ohne Fett goldbraun rösten. Den Reis portionieren und mit Cashewkernen bestreuen.

➡ **TIPP:** Eine köstliche Kombination: Indischer Linsenreis mit Currysauce und Aprikosen-Chutney.

Sechskorn-Mangold-Auflauf

Zutaten:

- 500 ml heiße Gemüsebrühe
- 1 Lorbeerblatt
- 1 TL Kräuter der Provence
- 250 g Sechskorn, grob geschrotet
- 4 EL Butter
- 500 g Mangold
- Tamari, Kräutersalz
- schwarzer Pfeffer, frisch gemahlen
- 2 EL Petersilie, fein gehackt
- 1 TL Paprika edelsüß
- 2 TL Senf
- Butter für die Auflaufform
- 50 g geriebener Käse (nach Belieben)
- Butterflöckchen

Zubereitung:

Sechskornschrot ohne Fett anrösten, bis er zu duften beginnt. Heiße Gemüsebrühe mit Lorbeer und Provencekräutern zugießen, kurz aufkochen, 2 Esslöffel Butter unterrühren und ohne weitere Hitzezufuhr mindestens 30 Minuten zugedeckt quellen lassen, Lorbeerblatt entfernen.

Den Mangold gründlich waschen, anschließend in Streifen schneiden und mit der restlichen Butter bissfest dünsten, eventuell etwas Wasser zugießen. Mit Tamari, Salz und Pfeffer würzen.

Den Backofen auf 180 °C vorheizen.

Sechskorn, Mangold, Petersilie, Paprika und Senf gut vermischen, eventuell noch einmal würzen.

Die Masse in eine gefettete Auflaufform streichen, mit Käse bestreuen und mit Butterflöckchen belegen. Bei 180 °C ca. 30 Minuten im Backofen backen.

☛ **Hinweis:**
Mangold hat bei uns erst in den letzten Jahren an Popularität gewonnen. Die fleischigen Stiele des Blattgemüses erinnern an Staudensellerie, die großen grünen Blätter ähneln im Geschmack dem Spinat. Sie werden auch wie Spinat zubereitet, sind aber aufgrund ihres geringeren Oxalsäuregehaltes milder und besser verträglich (v. a. für Pitta-Konstitution).

Orientalische Sechskornlaibchen

Zutaten:

- 500 ml Gemüsebrühe
- 1 Lorbeerblatt
- 1/2 TL Kreuzkümmel, gemahlen
- 1/2 TL Koriander, gemahlen
- 250 g Sechskorn, geschrotet
- 2 Zwiebeln, fein gehackt
- 2 EL Butter
- 1 Ei oder 3 EL geriebener Käse
- 1 Prise Cayennepfeffer
- Kräutersalz
- schwarzer Pfeffer, frisch gemahlen
- Tamari
- Sonnenblumenkerne zum Wälzen
- Ghee zum Ausbacken

Zubereitung:
Gemüsebrühe mit Lorbeerblatt, Kreuzkümmel und Koriander aufkochen, Sechskorn unterrühren, einmal aufkochen lassen und ohne weitere Hitzezufuhr mindestens 30 Minuten quellen lassen. Lorbeerblatt entfernen.

Die Zwiebeln in Butter andünsten. Abkühlen lassen und dann mit Getreide, Ei oder Käse und den restlichen Gewürzen mischen und nach Geschmack scharf abschmecken.

Mit nassen Händen kleine Laibchen formen, in den Sonnenblumenkernen wenden und in Ghee knusprig braten.

➡ **TIPP:** Getreidelaibchen eignen sich, besonders in Miniaturgröße, gut für ein kaltes Buffet.

Weizen-Zucchini-Auflauf

Zutaten:

- 500 ml Gemüsebrühe
- 1 Lorbeerblatt
- 1/2 TL Koriander, gemahlen
- 1/2 TL Basilikum
- 1/2 TL Liebstöckel
- 250 g Weizen, grob geschrotet
- 4 EL Butter
- 500 g Zucchini
- 2 Knoblauchzehen, gepresst
- Salz
- schwarzer Pfeffer, frisch gemahlen
- Tamari
- 2 EL Petersilie, fein gehackt
- Butter für die Auflaufform
- 50 g geriebener Käse (nach Belieben)
- 2 EL Sonnenblumenkerne
- Butterflöckchen

Zubereitung:
Gemüsebrühe mit den Kräutern aufkochen, den Weizen unterrühren, kurz aufkochen lassen, dann 2 Esslöffel von der Butter unterrühren und ohne weitere Hitzezufuhr mindestens 30 Minuten zugedeckt quellen lassen. Das Lorbeerblatt entfernen.

In der Zwischenzeit die Zucchini waschen, trockentupfen und würfeln. In der restlichen Butter kurz anbraten, mit Knoblauch, Salz, Pfeffer und Tamari würzen und in ganz wenig Wasser bissfest garen.

Den Backofen auf 180 °C vorheizen.

Wenn alle Zutaten abgekühlt sind, Weizen, Zucchini und Petersilie mischen, abschmecken und in eine gefettete Auflaufform streichen. Mit Käse, Sonnenblumenkernen und Butterflöckchen bestreuen. Bei 180 °C ca. 30 Minuten im Backofen backen.

Gefüllte Paprika

Zutaten:

- 400 ml Gemüsebrühe
- 1 Lorbeerblatt
- 1 TL Kräuter der Provence
- 200 g Sechskorn
- 2 EL Butter
- 4–6 grüne, mittelgroße Paprikaschoten
- 2 Knoblauchzehen, gepresst
- 1 EL Sauerrahm
- 1 EL Petersilie, fein gehackt
- Tamari
- 1 TL Senf
- Salz
- Butter für die Auflaufform
- 250 g passierte Tomaten
- 50 g geriebener Käse

Zubereitung:

Gemüsebrühe mit Lorbeerblatt und Kräutern der Provence aufkochen, den Sechskornschrot unterrühren und kurz aufkochen lassen. Butter hinzufügen und ohne weitere Hitzezufuhr mindestens 30 Minuten quellen lassen. Lorbeerblatt entfernen.

In der Zwischenzeit die Paprikaschoten der Länge nach halbieren, Kerne, Stielansatz und weiße Scheidewände entfernen. Mit kochendem Wasser überbrühen und einige Minuten ziehen lassen. Aus dem Wasser nehmen, mit der Schnittfläche nach unten auf Küchenpapier legen und abtropfen lassen.

Den abgekühlten Sechskornschrot mit Knoblauch, Rahm und Petersilie mischen und mit Tamari, Senf und Salz kräftig abschmecken.

Den Backofen auf 180 °C vorheizen.

Aus der Schrotmasse mit nassen Händen eigroße Bällchen formen und in die Paprikaschoten drücken. Die gefüllten Schoten in eine mit Butter gefettete Auflaufform setzen. Die passierten Tomaten mit Salz, Pfeffer und Kräutersalz würzen und über die Schoten gießen. Mit Käse bestreuen.

Bei 180 °C ca. 30 Minuten im Backofen backen.

Wenn nötig, zwischendurch mit etwas Wasser oder Gemüsebrühe aufgießen.

Wirsingrouladen

Zutaten:

- 500 ml Gemüsebrühe
- 1 Lorbeerblatt
- ½ TL Kreuzkümmel, gemahlen
- ½ TL Koriander
- 1 Prise Muskatnuss, gerieben
- 250 g Sechskorn, geschrotet
- 8 große Wirsingblätter
- 2 Knoblauchzehen, gepresst
- 3 EL Sauerrahm
- 50 g geriebener Käse (nach Belieben)
- Salz
- schwarzer Pfeffer, frisch gemahlen
- Tamari
- 500 g passierte Tomaten
- 3 EL Olivenöl
- Butter für die Auflaufform
- Butterflöckchen

Zubereitung:
Gemüsebrühe mit Lorbeerblatt, Kreuzkümmel, Koriander und Muskat aufkochen, den Sechskornschrot unterrühren und kurz aufkochen lassen. Ohne weitere Hitzezufuhr mindestens 30 Minuten zugedeckt quellen, danach abkühlen lassen. Das Lorbeerblatt entfernen.

Die Wirsingblätter in wenig Salzwasser einige Minuten kochen (sie müssen eine mittelfeste Konsistenz haben, damit sie sich füllen lassen). Abtropfen lassen, mit Küchenpapier das restliche Wasser abtupfen und den groben Strunk herausschneiden.

Den abgekühlten Sechskornschrot mit Knoblauch, Rahm und Käse vermischen und kräftig mit Salz, Pfeffer und Tamari würzen.

Den Backofen auf 180 °C vorheizen.

Mit nassen Händen aus der Schrotmasse längliche Kroketten formen und diese in die vorbereiteten Wirsingblätter wickeln.

Die passierten Tomaten mit Olivenöl, Tamari, Salz und Pfeffer würzen. Die Rouladen in eine gefettete Auflaufform legen und mit der Tomatensauce übergießen. Bei 180 °C ca. 30 Minuten im Backofen garen.

Zucchinischiffchen

Zutaten:

- 500 ml Gemüsebrühe
- 1 Lorbeerblatt
- $^1/_2$ TL Majoran
- 1 Prise Muskatnuss, gerieben
- 250 g Grünkern, geschrotet
- 4 mittelgroße Zucchini
- 2 EL Butter
- 2 Knoblauchzehen, gepresst
- Salz
- Shoyu
- schwarzer Pfeffer, frisch gemahlen
- 1 TL Senf
- 1 TL Paprika edelsüß
- 500 g passierte Tomaten
- 3 EL Olivenöl
- 50 g geriebener Käse

Zubereitung:

Gemüsebrühe mit Lorbeerblatt, Majoran und Muskat aufkochen, den Grünkern unterrühren, kurz aufkochen lassen und ohne weitere Hitzezufuhr mindestens 30 Minuten zugedeckt quellen lassen. Das Lorbeerblatt entfernen.

Die Zucchini waschen, trockentupfen und der Länge nach halbieren. Das Fruchtfleisch mit einem Teelöffel herauskratzen – das »Schiffchen« soll ca. $^1/_2$ cm stark sein. Fruchtfleisch klein hacken, in der Butter andünsten und mit Knoblauch, Salz, Shoyu und Pfeffer würzen.

Den Backofen auf 180 °C vorheizen.

Wenn alles abgekühlt ist, den Grünkern, die gedünstete Zucchini, Senf und Paprika vermischen, bei Bedarf nachwürzen. Mit nassen Händen 8 längliche Würste formen und in die Zucchinischiffchen drücken. Die Schiffchen in eine gefettete Auflaufform setzen.

Die passierten Tomaten mit dem Olivenöl mischen, pfeffern und salzen. Über die Zucchinischiffchen gießen, Käse darüber streuen. Bei 180 °C ca. 30 Minuten im Backofen garen.

Spinatreis

Zutaten:

- 1 kg Spinat
- 2 Zwiebeln, fein gehackt
- 1/2 Tasse Olivenöl
- 3 Tassen Gemüsebrühe
- 1 EL Tomatenmark
- 1 Tasse Langkornreis
- Salz
- schwarzer Pfeffer, frisch gemahlen
- Tamari
- Saft von 1/2 Zitrone

Zubereitung:

Spinat putzen, waschen und blanchieren. In einem Sieb abtropfen lassen.

Die Zwiebeln in Öl andünsten, den Spinat dazugeben. Mit Gemüsebrühe auffüllen, das Tomatenmark und Reis unterrühren, salzen und pfeffern. Auf kleiner Hitze köcheln lassen, bis der Reis weich ist, dabei öfter umrühren und wenn nötig noch heißes Wasser dazugießen.

Zum Schluss mit Tamari und Zitronensaft abschmecken.

Lauchreis

Zutaten:

- 3 große Stangen Lauch (Porree)
- 50 ml Olivenöl
- 1 Tasse Basmatireis
- $^1/_2$ TL Koriander, gemahlen
- 1 Prise Cayennepfeffer
- 2 Tassen heiße Gemüsebrühe
- Salz
- 1–2 TL Zitronensaft
- schwarzer Pfeffer, frisch gemahlen

Zubereitung:

Lauch waschen und in Ringe schneiden. In Olivenöl kräftig anbraten. Reis, Koriander und Cayennepfeffer zufügen und mit der Gemüsebrühe auffüllen. Umrühren und den Reis zugedeckt bei geringer Hitze ca. 20 Minuten gar dünsten.

Mit Salz und Zitronensaft abschmecken, mit schwarzem Pfeffer bestreut servieren.

➥ **TIPP:** Zu diesem leichten Abendessen schmeckt einfacher Joghurt.

Palatschinken mit Gemüsefüllung

Für den Teig:
- 150 g Dinkelmehl
- 2 Eier
- 250 ml Milch
- 125 ml Wasser
- Kräutersalz

Für die Füllung:
- 500 g gemischtes Gemüse, fein geschnitten (Zucchini, Möhren, Porree oder Spinat)
- 2 EL Butter
- etwas Wasser oder Gemüsebrühe
- 2 EL frische Kräuter, fein gehackt (Petersilie, Kerbel, Dill, Estragon)
- 2–3 EL Crème fraîche
- 1 Knoblauchzehe, gepresst
- Kräutersalz
- langer oder weißer Pfeffer, frisch gemahlen

Zum Bestreuen:
- 2 EL Sesam, angeröstet
- 50 g geriebener Parmesan, fein gerieben

Außerdem:
- Ghee zum Ausbacken

Zubereitung:

Für den Teig alle Zutaten miteinander verrühren und mindestens 30 Minuten ruhen lassen.

In der Zwischenzeit das Gemüse in Butter anrösten und mit ganz wenig Wasser oder Gemüsebrühe bissfest dünsten. Mit den frischen Kräutern und Crème fraîche mischen und mit Knoblauch, Salz und Pfeffer würzen.

Aus dem Teig in Ghee 12 kleine Palatschinken backen. Mit dem gedünsteten Gemüse füllen, mit Sesam oder Parmesan bestreut servieren.

➥ **TIPP:** Die Palatschinken schmecken auch überbacken. Dafür die gefüllten Palatschinken nebeneinander in eine gefettete Auflaufform legen, mit 125 ml Sahne übergießen, mit Parmesan bestreuen und bei 180 °C im Backofen kurz überbacken.

Süße Schlemmereien aus Getreide

Im Ayurveda wird bei warmen Süßspeisen Rohrohrzucker bevorzugt, da erhitzter Honig Ama (Giftstoffe) erzeugt.

Süßer Buchweizenauflauf

Zutaten:

- 250 ml Milch
- 250 ml Wasser
- $^1/_2$ Vanilleschote
- 200 g Buchweizen
- 50 g Rosinen
- 100 g Butter
- 2 Eigelb
- 50 g Rohrohrzucker (ev. als Puderzucker)
- 1 TL Zimt, gemahlen
- 1 Prise Kardamom, gemahlen
- 1 TL geriebene Zitronenschale
- 100 g Hasel- oder Walnüsse, gerieben
- 2 Eiweiß
- 1 Prise Salz
- etwas Butter für die Auflaufform
- Butterflöckchen

Zubereitung:
Milch und Wasser zusammen erhitzen. Die Vanilleschote der Länge nach aufschlitzen, das Mark ausschaben und dazugeben. 15 Minuten auf kleiner Hitze ziehen lassen.

Den Buchweizen in einem Topf ohne Fett anrösten, bis er duftet, die heiße Wasser-Milchmischung zugießen. Kurz aufkochen lassen, dann die Hitze abstellen, die Rosinen unterrühren und mindestens 30 Minuten quellen und abkühlen lassen.

Den Backofen auf 180 °C vorheizen.

Butter, Eigelb und Zucker mit Zimt, Kardamom und Zitronenschale schaumig rühren. Mit dem abgekühlten Buchweizen und der Hälfte der Nüsse vermischen.

Eiweiß mit einer Prise Salz steif schlagen und vorsichtig unter die Masse heben.

In eine gefettete Auflaufform streichen, mit den restlichen Nüssen und Butterflöckchen bestreuen.

Bei 180 °C ca. 30 Minuten im Backofen backen.

➡ TIPPS: Mit süßer Sauce oder mit Kompott servieren.

Die ausgeschabte Vanillehülle, die übrig bleibt, können Sie in ein kleines Glas mit Zucker stecken – und so eigenen Vanillezucker herstellen.

☛ Hinweis:

Vanilleschoten sind die Früchte einer Orchidee. Die ursprünglich grünen Schoten sind etwa zehn bis 15 cm lang und erhalten ihre dunkelbraune Farbe durch einen Fermentationsprozess. Ihr Mark besteht aus winzigen Samen, die von dunklem, aromatischem Öl umgeben sind. Ein Produkt, das echte Vanille in ihrer ursprünglichen Form beinhaltet, hat immer kleine schwarze Pünktchen.

Praktisch in der Anwendung ist das getrocknete Mark, das als Pulver im Handel erhältlich ist.

Süßer Maisauflauf mit Äpfeln

Zutaten:

- 250 ml Milch
- 250 ml Wasser
- 1 Prise Kardamom, gemahlen
- 200 g Maisgrieß, grob
- 50 g Rosinen
- 100 g Butter
- 2 Eigelb
- 1 Prise Vanillezucker
- 50 g Rohrohrzucker (ev. als Puderzucker)
- 1 TL geriebene Zitronenschale
- 2 Eiweiß
- etwas Butter für die Auflaufform
- 3–4 Äpfel
- 2 EL Rohrohrzucker
- 1 TL Zimt
- 2 TL Zitronensaft
- 2 EL zerlassene Butter

Zubereitung:

Milch und Wasser mit Kardamom aufkochen, den Maisgrieß langsam unterrühren, kurz kochen lassen. Die Rosinen dazugeben und zugedeckt quellen lassen.

Butter mit Eigelb, Zucker, Vanille und Zitronenschale schaumig rühren und mit dem ausgekühlten Grieß vermischen.

Eiweiß steif schlagen und dieses vorsichtig unter die Masse heben.

Den Backofen auf 180 °C vorheizen.

Die Grießmasse in eine gefettete Auflaufform streichen.

Äpfel schälen und blättrig schneiden. Mit Zucker, Zimt und Zitronensaft mischen und auf den Grieß schichten. Mit zerlassener Butter beträufeln.

Bei 180 °C ca. 30 Minuten im Backofen backen.

Süßer Grießauflauf

Zutaten:

- 250 ml Milch
- 250 ml Wasser
- 1/2 Vanilleschote (oder 1 Pck. Vanillezucker)
- 1 TL Zimt
- 200 g Dinkel- oder Weizengrieß, grob
- 50 g Rosinen
- 100 g Butter
- 2 Eigelb
- 50 g Rohrohrzucker (ev. als Puderzucker)
- 1 TL geriebene Zitronenschale
- 2 Eiweiß
- etwas Butter für die Auflaufform
- 4 EL Haselnüsse, gehackt

Zubereitung:

Milch mit Wasser, Vanilleschote und Zimt aufkochen, den Grieß mit langsam unterrühren, kurz aufkochen lassen. Hitze abschalten, Rosinen unterrühren und zugedeckt quellen lassen.

Den Backofen auf 180 °C vorheizen.

Butter mit Eigelb und Zucker schaumig rühren und mit dem ausgekühlten Grieß und der Zitronenschale vermischen.

Eiweiß steif schlagen und vorsichtig unter die Masse heben.

In eine gefettete Auflaufform streichen, mit Haselnüssen bestreuen.

Bei 180 °C ca. 30 Minuten im Backofen backen.

➥ **TIPP:** Dazu passt Apfel-Sauce mit Ingwer oder Kompott.

Süßer Hirseauflauf mit Aprikosen

Zutaten:

- 250 ml Wasser
- 250 ml Milch
- 1 Stück Zimtrinde
- 1 Prise Nelkenpulver
- 200 g Hirse
- 100 g Butter
- 3 Eigelb
- 50 g Rohrohrzucker (ev. als Puderzucker)
- 1 Pck. Vanillezucker
- 50 g Mandeln, gerieben
- 3 Eiweiß
- etwas Butter für die Auflaufform
- 300 g frische, reife Aprikosen
- 2 EL zerlassene Butter
- 2 EL Agavensirup oder Reismalz

Zubereitung:

Wasser und Milch mit Zimtrinde und Nelkenpulver aufkochen, die Hirse unterrühren, weich kochen und mindestens 30 Minuten zugedeckt quellen lassen.

Butter mit Eigelb, Zucker und Vanillezucker schaumig rühren. Mit der abgekühlten Hirse und den geriebenen Mandeln vermischen. Den Backofen auf 180 °C vorheizen.

Eiweiß steif schlagen und vorsichtig unter die Masse heben. Diese in eine gefettete Auflaufform streichen.

Die Aprikosen halbieren, entsteinen und mit der Schnittfläche nach oben auf die Hirse legen. Die zerlassene Butter mit Agavensirup oder Reismalz vermischen und über die Aprikosen träufeln.

Bei 180 °C ca. 30 Minuten im Backofen backen.

Süßer Reisauflauf

Zutaten:

- $^{1}/_{2}$ Vanilleschote
- 500 ml Wasser
- 500 ml Milch
- 1 Stück Zimtstange
- 1 Prise Kardamom, frisch gemahlen
- 2 Stück Gewürznelke
- 250 g Rundkorn- oder Süßreis
- 50 g Rosinen
- 100 g Butter
- 2 Eigelb
- 1 TL geriebene Zitronenschale
- 50 g Rohrohrzucker (ev. als Puderzucker)
- 100 g Quark
- 2 Eiweiß
- etwas Butter für die Auflaufform
- 50 g Mandeln, gehackt

Zubereitung:

Die Vanilleschote der Länge nach aufschneiden, das Mark auskratzen.

Wasser und Milch mit Vanillemark und -schote, Zimtstange, Kardamom und Gewürznelken aufkochen. Den Reis unterrühren und gar kochen. Die Rosinen hinzufügen und quellen lassen.

Zimtstange, Vanilleschote und Gewürznelken entfernen, sobald der Reis abgekühlt ist.

Butter mit Eigelb, Zitronenschale und Zucker schaumig rühren, zuletzt den Quark hinzufügen.

Die Masse mit dem Reis verrühren.

Den Backofen auf 180 °C vorheizen.

Eiweiß steif schlagen und vorsichtig unter die Masse heben.

In eine gefettete Auflaufform streichen. Mandeln darüber streuen.

Bei 180 °C ca. 40 Minuten im Backofen backen.

➥ **TIPP:** Dazu schmeckt frische oder gekochte Fruchtsauce.

Süßer Weizen- oder Dinkelauflauf

Zutaten:

- 250 ml Wasser
- 250 ml Milch
- 1 Prise Kardamom, gemahlen
- 1 Zimtstange
- 200 g Weizen oder Dinkel, geschrotet
- 50 g Rosinen
- 2 Eigelb
- 100 g Butter
- 50 g Rohrohrzucker (ev. als Puderzucker)
- 1 TL geriebene Zitronenschale
- 1 Pck. Vanillezucker
- 100 g Mandeln, gehackt
- 2 Eiweiß
- etwas Butter für die Auflaufform
- 2 EL zerlassene Butter

Zubereitung:

Wasser mit Milch, Kardamom und Zimt aufkochen. Getreideschrot unterrühren. Kurz kochen lassen, Rosinen einstreuen und 30 Minuten zugedeckt quellen lassen.

Eigelb mit Butter, Zucker, Zitronenschale und Vanillezucker schaumig rühren. Mit dem ausgekühlten Getreide und der Hälfte der Mandeln mischen.

Den Backofen auf 180 °C vorheizen.

Eiweiß steif schlagen und vorsichtig unter die Masse heben.

In eine gefettete Auflaufform streichen, Mandeln darüber streuen und mit zerlassener Butter beträufeln.

Bei 180 °C ca. 30 Minuten im Backofen backen.

Gerichte mit Tofu und Weizengluten

Tofu und Weizengluten sind wichtige Eiweißquellen für Vegetarier und praktischer Bestandteil einer schnellen Küche.

Tofu wird aus Sojabohnen hergestellt, enthält im Verhältnis jedoch mehr Fett als diese. Im Ayurveda gilt Tofu als kalt und schwer – wie übrigens auch Milchprodukte. Seine Verdaulichkeit verbessern wir durch Würzen (marinieren) und Erwärmen.

Tofu wird mittlerweile in etlichen schmackhaften Varianten angeboten: natur, mariniert (meist in Sojasauce), geräuchert, mit Pfeffer, mit Gemüse. Tofu ist sehr vielseitig einzusetzen. Sie können ihn braten, Suppen und Eintöpfen zufügen, passieren und Aufstriche zubereiten. Tofu natur lässt sich pikant und süß würzen.

Weizengluten ist das Eiweiß des Weizens, von relativ fester Konsistenz, wird gebraten, paniert und als Zutat für Eintöpfe verwendet. Man kann es durch den Fleischwolf drehen und für Laibchen verwenden.

Tofu-Gemüse-Laibchen

Zutaten:

- 500 g Gemüse (Blumenkohl, roter Paprika, Sellerie, Möhren)
- 125 ml Gemüsebrühe
- 300 g Tofu natur, grob gewürfelt
- 2 Knoblauchzehen, gepresst
- Salz

- Tamari
- schwarzer Pfeffer, frisch gemahlen
- 2 EL frische Kräuter, gehackt (Petersilie, Schnittlauch, Majoran, Basilikum)
- Semmelbrösel nach Bedarf
- Mehl zum Wälzen
- Ghee zum Ausbacken

Zubereitung:

Das Gemüse waschen und in große Stücke schneiden. In wenig Gemüsebrühe weich dämpfen. Die Flüssigkeit abgießen (für Suppen oder Saucen verwenden). Abkühlen lassen.

Gemüse mit dem Tofu cremig pürieren. Mit Knoblauch, Salz, Tamari und Pfeffer würzen und Kräuter hinzufügen. Sollte die Masse zu weich sein, nach Bedarf Semmelbrösel unterrühren.

Mit nassen Händen kleine Laibchen formen, in Mehl wälzen und in Ghee ausbraten. Für eine schonende Zubereitung legen Sie die Laibchen (ohne sie in Mehl zu wälzen) auf ein gefettetes Backblech, beträufeln Sie mit etwas geschmolzenem Ghee und backen sie bei 250 °C circa 10 Minuten.

➥ **TIPP:** Püree aus gelben Rüben oder eine der Joghurt-Sauce-Variationen als Beilage reichen.

☛ **Hinweis:**

Wenn Sie gerne pikant essen, verwenden Sie *geräucherten Tofu.* Er hat einen sehr würzigen Geschmack, der an Speck erinnert. Sie können gebratene Tofuwürfel etwa in deftige Salate mischen. Tofu-Gemüselaibchen schmecken besonders gut, wenn man geräucherten Tofu mit Natur-Tofu mischt.

Tofuklöße

Zutaten:

- 250 g Tofu natur
- 1 Ei
- 2 EL Sonnenblumenkerne
- 1 Zwiebel, fein gehackt
- $^1/_2$ TL Kreuzkümmel, gemahlen
- $^1/_2$ TL Kurkuma
- 1 Prise Ingwer, gemahlen
- 1 Prise Cayennepfeffer
- Kräutersalz
- schwarzer Pfeffer, frisch gemahlen
- 2 EL Tamari
- 1 Knoblauchzehe, gepresst
- 20 g Mehl
- 250 ml Gemüsebrühe oder Sojadrink
- 1 EL Zitronensaft
- 1 EL Petersilie, fein gehackt

Zubereitung:

Den Tofu mit einer Gabel fein zerdrücken, Ei, Sonnenblumenkerne, Zwiebel, Gewürze und so viel Mehl untermischen, dass die Masse gut formbar wird.

Mit nassen Händen kleine Klöße formen.

Gemüsebrühe oder Sojadrink aufkochen, die Klöße hineinlegen und zugedeckt 10 Minuten sanft köcheln, dabei einmal wenden.

Mit einem Schöpflöffel herausnehmen, auf Tellern anrichten, mit Zitronensaft beträufeln und mit Petersilie bestreuen.

➡ **TIPP:** Die Klöße schmecken wunderbar zu Kürbis mit Ingwer und Safran, Champignonsauce und zu Spinat.

Tofuschnitzel

Zutaten:

- 4 EL Tamari
- 1 EL Olivenöl
- 1 EL Zitronensaft
- 1–2 EL Tomatenketchup
- Kräutersalz
- weißer Pfeffer, frisch gemahlen
- 400 g Tofu natur, in Scheiben geschnitten
- 1–2 Eier, verquirlt
- Mehl und Semmelbrösel zum Wenden
- Ghee zum Ausbacken
- 1 Zitrone, geviertelt

Zubereitung:

Aus Tamari, Öl, Zitronensaft, Ketchup und Pfeffer eine Marinade rühren. Die Tofuscheiben darin 30 Minuten marinieren, dabei öfter wenden.

Die Scheiben aus der Marinade nehmen, abtropfen lassen. Anschließend in Mehl, dann in den Eiern und zuletzt in den Semmelbröseln wenden. In Ghee goldbraun backen.

Mit Zitronenvierteln servieren.

Gebratener Curry-Tofu

Zutaten:

- 400 g Tofu, in Scheiben geschnitten
- 4 EL Tamari
- 4 EL Olivenöl
- 1 Zwiebel, fein gehackt
- 2 Knoblauchzehen, gepresst
- 1 TL frische Ingwerwurzel, fein gehackt
- 2 TL Curry-Mischung
- 250 ml Gemüsebrühe
- 2 TL Zitronensaft
- $^1/_2$ TL geriebene Zitronenschale
- Salz
- schwarzer Pfeffer, frisch gemahlen

Zubereitung:

Die Tofu-Scheiben in Tamari 30 Minuten marinieren. Dabei mehrmals wenden.

In 2 Esslöffel Öl beidseitig anbraten, beiseite stellen.

Die Zwiebel im restlichen Öl andünsten, Knoblauch, Ingwer und Curry zufügen, umrühren und mit Gemüsebrühe aufgießen.

Zitronensaft und -schale unterrühren und die Tofu-Scheiben hinzufügen. Kurz aufkochen lassen und mit Salz und Pfeffer abschmecken.

➥ **TIPP:** Servieren Sie dazu Reis oder Kartoffelpüree.

Weizengluten-Gulasch

Zutaten:

- 2 große Zwiebeln, fein gehackt
- 2 EL Olivenöl oder Ghee
- 1/2 TL Kümmel, gemahlen
- 250 ml Tomatenpüree
- 2 Knoblauchzehen, gehackt
- 1 Lorbeerblatt
- 2 Gewürznelken
- 1 TL Paprikapulver
- 1/4 TL Thymian
- schwarzer Pfeffer, frisch gemahlen
- Salz
- 250 g Weizengluten, in Würfel geschnitten
- Gemüsebrühe nach Bedarf
- 4 TL Sauerrahm

Zubereitung:

Zwiebeln in Öl oder Ghee mit dem Kümmel anbraten, bis sie zu bräunen beginnen. Dann das Tomatenpüree, den Knoblauch und die Gewürze dazugeben. 15 Minuten köcheln lassen. Das Lorbeerblatt entfernen.

Weizenglutenwürfel hinzufügen, nochmals 10 Minuten weiterköcheln. Die Sauce soll sämig werden. Wenn sie allerdings zu sehr eindickt, mit etwas Gemüsebrühe verdünnen.

Mit Sauerrahm garniert servieren.

➡ **TIPP:** Reis und Nudeln als Beilage.

Süßspeisen und Desserts

Sich vollwertig im Sinn des Ayurveda zu ernähren, bedeutet nicht, dass auf Süßes verzichtet werden muss. Zum Süßen Ihrer Desserts sollten Sie allerdings auf weißen Haushaltszucker völlig verzichten. Aber kein Problem – es gibt zahlreiche, gesunde Alternativen.

Mascarponecreme mit Beeren

Zutaten:

- 2 Eigelb
- 2 EL Honig
- 1 Prise Vanillepulver
- 1 EL Cointreau (Orangenlikör) oder zwei Tropfen ätherisches Orangenöl (biologisch)
- 125 g Mascarpone
- 2 Eiweiß
- 300 g gemischte Beeren

Zubereitung:

Eigelb mit Honig und Vanille sehr schaumig schlagen, mit Likör und Mascarpone verrühren.

Eiweiß steif schlagen und vorsichtig unter die Creme heben.

Die Beeren in Schalen anrichten (4 Teelöffel davon zum Garnieren zurückbehalten) und die Creme darüber verteilen. Mit den übrigen Beeren garnieren.

➥ **TIPP:** Falls die Creme nicht sofort gegessen wird, ein Blatt Gelatine nach Packungsanweisung auflösen und unter die Creme mischen.

Schoko-Mintcreme

Zutaten:

- 125 ml Sahne
- 1 Tropfen reines ätherisches Minzöl
- 1 Schoko-Sojadessert (500 g)
- etwas Honig
- Minzblättchen oder geraspelte Bitterschokolade zum Verzieren

Zubereitung:

Die Sahne mit dem Minzöl steif schlagen, das Sojadessert unterheben und eventuell mit Honig nachsüßen.

In Gläser verteilen und noch eine Stunde kühl stellen. Mit Minzblättchen oder geraspelter Schokolade garnieren.

➡ TIPP: Statt des Minzöls können Sie auch Orangenöl und Gewürze wie Kardamom, Zimt oder geriebene Tonkabohne verwenden. Dadurch wird für Menschen mit Vata- und Kapha-Konstitution die Kühle in aromatische Wärme verwandelt.

Quark-Vanillecreme

Zutaten:

- 125 ml Sahne
- 1 Prise Vanillepulver
- 2–3 Tropfen reines ätherisches Zitronenöl
- 250 g Quark (20 %)
- 1–2 EL Honig
- 1/2 Vanille-Sojadessert (250 g)
- Gehackte Aranzini zum Verzieren

Zubereitung:

Die Sahne mit Vanillepulver und Zitronenöl steif schlagen.

Quark, Honig und Vanilledessert miteinander cremig rühren. Die Sahne unterheben.

Mit Aranzini garnieren.

➥ **TIPP:** Sie können diese Creme vielfältig variieren, indem Sie Fruchtmus oder in Stücke geschnittene Früchte unterrühren.

Aprikosencreme

Zutaten:

- 250 g Aprikosen
- 3 EL Honig
- 1 Prise Vanille
- 1 Prise Ingwerpulver
- 250 g Quark (20 %)
- 125 ml Sahne
- Melissen- oder Mandelblättchen zum Verzieren

Zubereitung:

Aprikosen entsteinen und in etwas Wasser weich dünsten. Abkühlen lassen.

Zusammen mit Honig, Vanille und Ingwer pürieren.

Quark und Aprikosenpüree verrühren. Die Sahne schlagen und unter das Püree heben.

Mit Melissenblättchen oder Mandelblättchen verziert servieren.

➥ **TIPP:** Statt Aprikosen können Sie als Variation gemuste Bananen oder fein gewürfelte, frische, reife Ananas verwenden.

Erdbeermousse

Zutaten:

- 250 g Erdbeeren
- 1 Banane
- 250 g Quark
- 2 EL Honig
- 1 Prise Vanille
- 1 EL Zitronensaft
- 125 ml Sahne
- Erdbeeren zum Verzieren

Zubereitung:

Erdbeeren, Banane und Quark mit Honig, Vanille und Zitronensaft im Mixer pürieren.

Sahne steif schlagen und unter das Püree heben.

30–60 Minuten ins Gefrierfach stellen, öfter umrühren.

Mit einem Esslöffel portionieren und mit Erdbeeren verziert servieren.

➥ **TIPP:** Für dieses Mousse können Sie auch viele andere Sorten Beeren verwenden. Wenn Ihnen die geeiste Version zu kühl ist, servieren Sie dieses Rezept als Creme.

Apfel-Joghurtcreme

Zutaten:

- 2–3 süße Äpfel
- 1 EL Zitronensaft
- 125 ml Sahne
- 250 ml Joghurt
- 2 EL Honig
- 1 Prise Vanillepulver
- 1 Prise Zimtpulver
- 1 Prise Ingwer, gerieben
- Gehackte Nüsse zum Verzieren

Zubereitung:

Äpfel schälen, entkernen und fein reiben. Mit dem Zitronensaft mischen.

Sahne steif schlagen. Joghurt und Äpfel vermischen, unter die Sahne heben und mit Honig und Gewürzen abschmecken. Mit gehackten Nüssen bestreut servieren.

Himbeersülzchen

Zutaten:

- 300 g frische oder TK-Himbeeren
- 30 ml Birnendicksaft (oder 30 g Zuckerrohrgranulat)
- 1 TL geriebene Zitronenschale
- 500 ml Wasser oder Fruchtsaft
- 1 EL Agar-Agar, mit 3 EL Wasser glatt gerührt

Zubereitung:
Himbeeren mit Birnendicksaft und Zitronenschale in Wasser aufkochen, durch ein Sieb streichen und mit Wasser oder Fruchtsaft auf 500 ml auffüllen. Agar-Agar mit dem Schneebesen einrühren, 2 Minuten köcheln. Portionsförmchen mit kaltem Wasser ausspülen und die Masse eingießen. 2–3 Stunden kühl stellen und erstarren lassen.

Vor dem Servieren stürzen.

➥ **TIPP:** Dazu schmeckt Vanillecreme oder leicht gesüßte Schlagsahne.

Creme Catalan

Zutaten:

- 250 ml Milch
- 250 ml Sahne
- 3 Eigelb
- 50 g Zuckerrohrgranulat
- geriebene Schale einer Orange
- einige frische Orangenfilets zum Garnieren

Zubereitung:
Alle Zutaten mit einem Schneebesen gut verrühren, aber nicht schaumig schlagen. In Portionsförmchen füllen. In eine Auflaufform stellen und heißes Wasser bis etwa ein Drittel unter den Rand der Förmchen gießen. In diesem Wasserbad bleibt die Creme bei 150 °C eine Stunde im Backofen. Im abgeschalteten Ofen abkühlen lassen. Aus dem Wasserbad nehmen und einige Stunden kalt stellen.

Mit einem Messer vom Rand lösen und auf einen Teller stürzen. Mit Orangenfilets garniert servieren.

Karamellisierte Gewürzäpfel

Zutaten:

- 4 aromatische, mürbe Äpfel
- 1 EL Ghee
- 2 EL Zuckerrohrgranulat
- je eine Prise Ingwer-, Zimt- und Vanillepulver
- 1 Sternanis
- etwas geriebene Orangen- und Zitronenschale
- 1 Schuss Orangensaft, vermischt mit 1 Schuss Cointreau oder Weißwein

Zubereitung:

Äpfel schälen, vierteln und in Scheiben schneiden. Das Ghee in einer Pfanne erhitzen und das Zuckerrohrgranulat darin kurz karamellisieren. Die Äpfel zufügen, die Gewürze darüber streuen, alles verrühren und mit der Orangensaftmischung ablöschen. Zugedeckt bissfest dünsten.

➥ **TIPP:** Dieses rasch und einfach zubereitete Gericht eignet sich als leichte Nachspeise ebenso wie als Chutney, ist eine köstliche Füllung für Palatschinken und eine Beilage zu süßen Getreidespeisen.

Beeren-Kaltschale (»Rote Grütze«)

Zutaten:

- $^{1}/_{2}$ Pck. Vanille-Puddingpulver oder 4 EL Pfeilwurzelmehl + 1 Pck. Vanillezucker
- 500 ml roter Fruchtsaft (z. B. Johannisbeere) oder Orangensaft
- 1 Pck. TK-Beeren (gemischt)
- Honig nach Geschmack
- 125 ml Sahne

Zubereitung:

Puddingpulver mit einigen Löffeln Fruchtsaft vermischen.

Den restlichen Saft aufkochen, das angerührte Puddingpulver unterrühren und kurz aufkochen lassen.

Die Beeren hinzufügen, mit Honig süßen. Einige Stunden kalt stellen.

Mit ungeschlagener Sahne servieren.

Feigen in Rotwein

Zutaten:

- 12 getrocknete Feigen
- 1 Stück Zitronenschale
- 1 Stück Zimtrinde
- 250 ml Rotwein
- 125 g Sahne
- 1 Pck. Vanillezucker

Zubereitung:

Die Feigen mit Zitronenschale und Zimtrinde ca. 15 Minuten in Rotwein köcheln. Abkühlen lassen.

Anschließend die Feigen in Stücke schneiden und in Portionsschälchen legen, mit ein paar Esslöffeln Rotweinsud begießen.

Die Sahne mit dem Vanillezucker halb steif schlagen und über die Feigen geben.

Marinierte Orangen mit Muskat

Zutaten:

- 4 Orangen
- 8 EL Cointreau
- 125 ml Sahne
- 4 EL Crème fraîche
- 2 EL Orangenmarmelade
- Muskatnuss, frisch gerieben

Zubereitung:

Die Orangen gründlich schälen und in Scheiben schneiden. In Cointreau 2 Stunden marinieren.

Die Sahne steif schlagen, mit Crème fraîche und Orangenmarmelade verrühren und 2 Stunden ins Gefrierfach stellen.

Anschließend die Orangenscheiben auf Dessertteller verteilen, mit Muskatnuss bestreuen. Die Creme darüber geben.

➥ TIPP: Die marinierten Orangen schmecken auch ohne Sahnecreme hervorragend und sind erfrischend nach einer üppigen Mahlzeit.

Gewürzbirnen mit Weinschaum

Zutaten:

- 4 Birnen
- 250 ml Rot- oder Weißwein
- 4 Gewürznelken
- 1 Stück Zimtrinde
- 2 Kardamomkapseln (oder 6–8 Samen)
- 1 Stück Ingwerwurzel
- 1 Stück Zitronenschale
- 2 EL Zuckerrohrgranulat
- 2 Eigelb
- 2 EL Honig

Zubereitung:

Die Birnen schälen und vierteln. In Wein mit Gewürzen und Zuckerrohrgranulat weich dünsten. Auskühlen lassen und aus der Flüssigkeit heben. Den Weinsud durchsieben.

Eigelb mit dem Honig und der Flüssigkeit im Wasserbad zu einer schaumigen Creme aufschlagen.

Die Birnen in Portionsschälchen verteilen und mit der Creme begießen.

Bratäpfel

Zutaten:

- 2 EL Rosinen
- 2 EL Rum
- 4 Äpfel
- 2 EL geriebene Haselnüsse
- 2 TL Agavensirup
- 1/2 TL Zimt, gemahlen
- etwas Butter für die Form
- etwas Wasser oder Apfelsaft
- Butterflocken

Zubereitung:

Die Rosinen in Rum einweichen.

Den Backofen auf 200 °C vorheizen.

Das Kerngehäuse der Äpfel ausstechen. Nüsse, Agavensirup, Zimt und abgeseihte Rosinen (den Rum für die Vanillecreme aufbewahren) mischen und in die Äpfel füllen. In eine gefettete Form setzen, mit etwas Wasser oder Apfelsaft angießen, mit Butterflocken belegen und bei 200 °C backen, bis sie durch sind (wie lange das dauert, hängt von der Apfelsorte ab).

Mit Vanillecreme servieren.

➥ **TIPP:** Die Äpfel können auch mit Preiselbeermarmelade gefüllt oder ohne Füllung gebraten werden. So sind sie für Kapha besser verträglich.

Schnelle Vanillecreme

Zutaten:

- 250 ml Vanille-Sojadessert
- 1 Prise Vanillepulver
- etwas Rum (nach Belieben)
- 125 ml Sahne

Zubereitung:

Das Vanilledessert mit Vanille und evtl. Rum würzen. Sahne steif schlagen und unterheben.

Dattelcreme

Zubereitung:

- 200 g Datteln, halbiert und entsteint
- 1 Prise Kardamom, gemahlen
- $^{1}/_{2}$ TL Zimtpulver
- 1 Prise Vanillepulver
- 1 TL Zuckerrohrgranulat
- 250 ml Wasser
- 2 EL Reismehl
- 250 ml Sahne

Zubereitung:

Die Datteln mit den Gewürzen und dem Zuckerrohrgranulat im Wasser gar kochen und anschließend pürieren.

Das Reismehl mit etwas Wasser verrühren.

Das Dattelpüree nochmals auf den Herd stellen und mit dem angerührten Reismehl vermischen. Kurz köcheln, dann vom Herd nehmen und abkühlen lassen.

Die Sahne steif schlagen und kurz vor dem Servieren unter das Püree heben.

Halwa mit Beerensauce

Zutaten:

- $^1/_2$ Tasse Rosinen
- 1 Tasse Weizen- oder Dinkelgrieß, grob
- 4 EL Ghee
- 2 Tassen heißes Wasser
- $^1/_2$ TL Ingwer, gemahlen
- $^1/_2$ TL Kardamom, gemahlen
- 2 TL Zimt, gemahlen
- 4 EL Zuckerrohrgranulat
- 1 TL Rosenwasser (nach Belieben)
- 2 EL Mandeln, gehackt (oder Kokosflocken)

Zubereitung:

Die Rosinen mit etwas heißem Wasser übergießen und ziehen lassen.

In der Zwischenzeit den Grieß in Ghee goldbraun rösten.

Heißes Wasser, Gewürze, Zuckerrohrgranulat und Rosinen (mit dem Wasser) zufügen, kurz köcheln, dann zugedeckt quellen lassen. Rosenwasser unterrühren.

In eine gefettete oder kalt ausgespülte Schale füllen und auskühlen lassen.

Mandeln oder Kokosflocken ohne Fett in einer trockenen Pfanne anrösten.

Halwa stürzen und mit Mandeln oder Kokosflocken bestreuen. In Tortenstücke schneiden und mit Beerensauce servieren.

☛ **Hinweis:**

Halwa ist ursprünglich eine orientalische Süßigkeit aus Tahini, Butter, Zucker, Honig und Nüssen; im Allgemeinen wird es mit Rosenblütenwasser oder Safran aromatisiert.

Äpfel mit Streuseldecke

Zutaten:

- 1 kg Äpfel
- 2 EL Zuckerrohrgranulat
- 1 TL Zimt
- $^{1}/_{2}$ TL Ingwer, gemahlen
- etwas Butter für die Auflaufform
- 125 ml Orangen- oder Apfelsaft

Für die Streusel:

- 100 g Butter
- 150 g Dinkel- oder Weizenvollkornmehl
- 1 TL Weinstein-Backpulver
- 75 g Mandeln, gerieben
- 100 g Zuckerrohrgranulat

Zubereitung:

Den Backofen auf 200 °C vorheizen.

Die Äpfel schälen und blättrig schneiden. Mit Zuckerrohrgranulat, Zimt und Ingwer mischen und in eine gefettete Auflaufform schichten, Saft darüber gießen.

Für die Streusel die Butter schmelzen. Mehl mit Backpulver, Mandeln und Zuckerrohrgranulat mischen. Die Butter darüber gießen und alles mit einer Gabel zu Krümeln verarbeiten.

Die Streusel auf die Äpfel geben und bei 200 °C ca. 30 Minuten backen.

➥ **TIPP:** Die Äpfel mit Streuseldecke sind bei Groß und Klein beliebt. Sie eignen sich auch als zweiter Gang nach einer deftigen Suppe.

Gebratene Apfelringe

Zutaten:

- 2–3 Äpfel
- 2 EL Zitronensaft
- 1 EL Agavensirup
- 2 EL Ghee
- 1 Prise Vanillepulver
- 1 Prise Gewürznelke, gemahlen

Zubereitung:

Äpfel schälen, Kerngehäuse entfernen und die Äpfel in 1 cm dicke Scheiben schneiden.

Zitronensaft und Sirup vermischen und die Äpfel damit beträufeln.

Ghee mit Vanille und Nelken in einer Bratpfanne erwärmen und die Apfelstücke 3–4 Minuten darin dünsten. Mit Vanillecreme servieren.

➥ TIPP: Dasselbe Rezept eignet sich auch für reife Bananen.

Quinoa-Bananencreme

Zutaten:

- 250 ml Wasser
- 50 g Quinoa
- 2–3 Bananen
- 1 Prise Kardamom, gemahlen
- 1 EL Butter
- 1 EL Honig
- 1 TL Zitronensaft
- 1–2 TL Rosenwasser (nach Belieben)
- 125 ml Sahne
- 1 Prise Vanillepulver
- Bananenscheiben oder gehackte Nüsse

Zubereitung:

Wasser mit Quinoa kurz kochen, dann quellen lassen.

Bananen in Scheiben schneiden und mit dem Kardamom in der Butter weich dünsten. Abkühlen lassen.

Anschließend die Bananen pürieren und dabei mit Honig und Zitronensaft (und ev. Rosenwasser) vermischen.

Die Sahne mit der Vanille steif schlagen, mit dem Bananenmus und dem Quinoa mischen.

Mit Bananenscheiben oder gehackten Nüssen garniert servieren.

☛ **Hinweis:**

Als *Quinoa* bezeichnet man die Körner eines Gänsefußgewächses aus dem Andenland Südamerikas, die der Hirse ähnlich sehen. Um die sie umgebende, bittere Saponinschicht zu entfernen, sollten die Körner vor dem Kochen sehr gut gewaschen werden.

Dinkel-Früchtecreme

Zutaten:

- 100 g Dinkel
- 1 Zimtstange
- etwas Zitronenschale
- 250 ml Joghurt
- 250 g Früchte (z. B. Erdbeeren oder Bananen)
- 2 EL Honig
- 125 ml Sahne
- einige Früchte
- 1 Prise Zimtpulver

Zubereitung:

Den Dinkel über Nacht in Wasser einweichen. Am nächsten Tag (im Einweichwasser) mit Zimt und Zitronenschale gar kochen und abkühlen lassen.

Die Gewürze entfernen und den Dinkel im Mixer zusammen mit dem Joghurt und den Früchten pürieren. Mit Honig süßen, Sahne steif schlagen und unterheben.

Mit frischen Früchten belegen und mit einer Prise Zimtpulver bestreuen.

Früchtecreme aus Trockenobst

Zutaten:

- 250 g Trockenobst (Zwetschgen, Aprikosen, Feigen; gemischt oder einzeln)
- etwas Apfelsaft
- 1 EL Zitronensaft
- 1 EL Rum oder Kognac (nach Belieben)
- 1 Prise Kardamom, gemahlen
- 1 Prise Nelkenpulver
- 125 ml Sahne

Zubereitung:

Trockenobst mehrere Stunden in Wasser oder im Apfelsaft einweichen.

Anschließend pürieren, mit Zitronensaft, Rum oder Kognac und Gewürzen abschmecken. Sahne steif schlagen und vorsichtig unterheben.

➡ **TIPP:** Wenn Sie nicht genügend Zeit zum Einweichen haben, können Sie das Trockenobst weich kochen und abkühlen lassen.

Fruchtsalat

Zutaten:

- 500 g Früchte nach Belieben, mundgerecht geschnitten

Für die Marinade:

- 125 ml Apfel-, Birnen- oder
- Orangensaft
- 1–2 EL Honig oder Agavensirup
- $^1/_2$–1 TL frische Ingwerwurzel, fein gerieben
- 1 Prise Kardamom, gemahlen
- 1 Prise Vanillepulver

Zubereitung:
Alle Zutaten der Marinade verrühren und mit den Früchten mischen. Gut durchziehen lassen.

➡ **TIPPS:** Vata-beruhigend sind süße Melonen, Beeren, frische Feigen und Datteln, Kirschen, Weintrauben, Mangos.

Pitta-beruhigend sind süße Äpfel, Aprikosen und Ananas, frische Feigen und Datteln, Birnen, Mangos, Pflaumen, Wassermelonen.

Kapha-beruhigend sind Aprikosen, Beeren, Birnen, Mangos, Kirschen, Rosinen, getrocknete Feigen

Als exquisites Dessert servieren Sie den Fruchtsalat mit Dattelcreme oder Schlagsahne.

Andas »Verdauungsjoghurt«

Zutaten:

- 200 g Trockenfrüchte (Rosinen, Zwetschgen, Feigen, Datteln, gemischt oder einzeln)
- 1 Prise Kardamom, gemahlen
- 1 Prise Vanillepulver
- 1 Prise Ingwer, gerieben
- 1 Prise Zimt, gemahlen
- etwas heißes Wasser
- 500 g Joghurt

Zubereitung:

Die Trockenfrüchte klein schneiden (nicht die Rosinen) und in eine Schüssel geben.

Mit den Gewürzen bestreuen und mit etwas Wasser übergießen. 5–10 Minuten ziehen lassen. Zum Schluss mit dem Joghurt vermischen.

➥ **TIPP:** Dieses Dessert stillt den Heißhunger auf Süßes.

Früchtereis

Zutaten:

- 500 ml Wasser
- 1 Stück Zimtrinde
- etwas Zitronenschale
- 150 g Rundkornreis
- 250 ml Sahne
- 1 Pck. Vanillezucker
- 1 TL frischer Ingwer, gerieben
- 2 EL Honig
- 2 Tassen frisches Obst, klein geschnitten (Ananas, Kirschen, Mandarinen, Trauben)

Zubereitung:

Wasser mit Zimt und Zitronenschale aufkochen. Den Reis unterrühren, gar kochen, quellen und abkühlen lassen.

Die Sahne steif schlagen und mit Vanillezucker, Ingwer und Honig würzen.

Mit den Früchten unter den Reis rühren.

➥ **TIPP:** Statt Reis können auch Hirse (z. B. für Pitta-Konstitution) oder Buchweizen (z. B. für Kapha-Konstitution) verwendet und die Gewürze variiert werden.

Kuchen und Kleingebäck

Sie müssen, was die Zubereitung von Kuchen und Gebäck betrifft, nur etwas umdenken. Weizenmehl und Haushaltszucker sind zwar tabu, das heißt aber noch lange nicht, dass Sie mithilfe der folgenden Rezepte keine Spitzenkreationen auf den heimischen Tisch zaubern können.

Sandis raffinierter Apfelkuchen

Zutaten:

Für den Belag:

- 4–5 Äpfel
- 2 TL Zitronensaft
- 3 EL Rohrohrzucker
- 100 g Butter, geschmolzen
- 100 g Walnüsse oder Mandeln ohne Haut
- 2–3 TL Zimt, gemahlen

Für den Teig:

- 200 g Dinkelmehl
- $^1/_2$ Pck. Weinstein-Backpulver
- 5 Eier
- 100 g Rohrohrzucker
- 1 Pck. Vanillezucker oder 1 Msp. Naturvanille
- 1 TL geriebene Zitronenschalen

Zubereitung:

Die Äpfel schälen und in ca. 1 $^1/_2$ cm dicke Scheiben schneiden. In Zitronensaft wenden. Eine viereckige Form (ca. 25 x 35 cm) mit Zucker ausstreuen, die geschmolzene Butter darin verteilen und dicht mit den Apfelscheiben auslegen. Dazwischen die Nüsse oder Mandeln verteilen, zum Schluss alles mit Zimt bestreuen.

Den Backofen auf 180 °C vorheizen.

Für den Teig Mehl mit dem Backpulver vermischen.

Die Eier mit dem Zucker schaumig schlagen. Vanille und Zitronenschale zufügen. Zum Schluss das Mehl unterheben. Die Masse auf den Äpfeln verteilen und ca. 40 Minuten backen. Abkühlen lassen.

Noch in der Form in Stücke schneiden, diese mit der Unterseite nach oben auf Tellern anrichten. Mit Sahne servieren.

Obstkuchen

Zutaten:

Für den Teig:

- 4 Eigelb
- 200 g Butter (Zimmertemperatur)
- 100 g Zuckerrohrgranulat
- geriebene Zitronenschale
- 2 EL Rum
- 200 g Dinkelmehl
- $^1/_2$ Pck. Weinstein-Backpulver
- 4 Eiweiß

Für Belag 1:

- 750 g Aprikosen oder Zwetschgen, entsteint und geachtelt

Zum Bestreuen:
- 2 EL Zuckerrohrgranulat
- 4 EL gehackte Mandeln oder Nüsse

Für Belag 2:
- 750 g Äpfel, blättrig geschnitten und mit den restlichen Zutaten gemischt
- 50 g Rosinen
- 2 EL Zuckerrohrgranulat
- 1 EL Zitronensaft
- 50 g Nüsse gehackt
- 2 TL Zimt, gemahlen
- etwas zerlassene Butter zum Beträufeln

Zubereitung:

Eigelb, Butter und Zucker schaumig rühren, Zitronenschale und Rum hinzufügen. Mehl und Backpulver mischen, portionsweise unterarbeiten. Eiweiß steif schlagen und vorsichtig unterheben.

Den Backofen auf 160 °C vorheizen.

Ein Backblech mit Backpapier auslegen, die Teigmasse darauf streichen.

Mit Belag 1 oder Belag 2 belegen. Etwa 40 Minuten backen.

Möhren-Nusskuchen

Zutaten:

- 5 Eigelb
- 150 g Rohrohrzucker (ev. als Puderzucker)
- 2 EL Rum
- 1 TL Zimt, gemahlen
- 1 Prise Gewürznelke, gemahlen
- 50 g Dinkelmehl
- $^1/_2$ Pck. Weinstein-Backpulver
- 250 g Haselnüsse, gerieben
- 250 g Möhren, fein gerieben
- 5 Eiweiß
- Kokosraspel zum Bestreuen

Zubereitung:

Eigelb mit Zucker schaumig rühren, Rum und Gewürze dazugeben.

Das Mehl mit dem Backpulver mischen und portionsweise unter die Eigelb-Zucker-Masse rühren.

Haselnüsse und Möhren zum Teig geben, Eiweiß steif schlagen und vorsichtig unterheben.

Den Backofen auf 160 °C vorheizen.

Ein Backblech mit Backpapier auslegen, die Teigmasse darauf streichen.

Etwa 30– 40 Minuten backen. Nach Wunsch mit Kokosraspel bestreuen.

Dinkel-Zitronenkuchen

Zutaten:

- 250 g Butter
- 150 g Zuckerrohrgranulat
- geriebene Schale von 2 Zitronen
- 3 Eier
- 250 g Dinkelmehl
- 1/2 Pck. Weinstein-Backpulver
- etwas Butter für die Kuchenform
- Saft von 2 Zitronen
- 150 g Honig

Zubereitung:

Die Butter und das Zuckerrohrgranulat in einem Topf bei geringer Hitze schmelzen, die geriebene Zitronenschale und die Eier (Butter darf nicht mehr heiß sein!) darunter mischen. Abkühlen lassen.

Das Mehl mit dem Backpulver vermischen und mit der Butter-Ei-Mischung verrühren.

Eine Kuchenform fetten, den Teig hineingeben und bei 160 °C ca. 30 Minuten backen.

Den noch etwas warmen Kuchen mehrmals mit einer Gabel anstechen.

Den Zitronensaft mit dem Honig verrühren und über den Kuchen gießen.

Einige Stunden ziehen lassen.

Griechischer Nusskuchen

Zutaten:

Für den Teig:

- 200 g Butter
- 6 Eigelb
- 100 g Rohrohrzucker (ev. als Puderzucker)
- 3 TL Zimt, gemahlen
- $^1/_4$ TL Gewürznelke, gemahlen
- 300 g geriebene Nüsse (Wal- oder Haselnüsse)
- 200 g Dinkel- oder Weizenmehl
- 2 TL Weinstein-Backpulver
- 125 ml Milch
- 6 Eiweiß
- etwas Butter für die Kuchenform

Für den Sirup:

- 500 ml Wasser
- 1 Streifen Zitronenschale
- 1 Stück Zimtrinde
- 3 Gewürznelken
- Saft von 1 Zitrone
- 100 g Honig
- 1 Schuss Kognac (nach Belieben)

Zubereitung:

Den Backofen auf 160 °C vorheizen.

Butter, Eigelb und Zucker schaumig rühren, Zimt, Nelkenpulver und Nüsse hinzufügen.

Das Mehl mit dem Backpulver vermischen und abwechselnd mit der Milch unter die Masse rühren.

Eiweiß steif schlagen und vorsichtig unterheben.

Eine viereckige Form fetten, die Teigmasse hineingeben und ca. 40 Minuten hellbraun backen.

Für den Sirup Wasser und Gewürze etwa 15 Minuten köcheln lassen, vom Herd nehmen und die Gewürze entfernen. Mit Zitronensaft, Honig und Kognac verrühren.

Den lauwarmen Kuchen mit einer Gabel mehrmals einstechen, mit dem warmen Sirup übergießen und einige Stunden ziehen lassen. Mit Sahne servieren.

Dinkel-Grießkuchen

Zutaten:

Für den Teig:

- 200 g Butter (Zimmertemperatur)
- 5 Eigelb
- 100 g Rohrohrzucker (ev. als Puderzucker)
- $^{1}/_{2}$ TL Vanillepulver
- 2 TL Zitronenschale, gerieben
- 150 g Dinkelmehl
- 3 TL Weinstein-Backpulver
- 1 EL Zimt, gemahlen
- 100 g Walnüsse, Haselnüsse oder Mandeln, gerieben
- 300 g Dinkelgrieß, grob
- 375 ml Milch
- 5 Eiweiß
- etwas Butter für die Kuchenform

Für den Sirup:

- 500 ml Wasser
- 1 Stück Zimtrinde
- 4 Gewürznelken
- ein Stück Zitronenschale
- 100 g Honig
- Saft von 1 Zitrone

Zubereitung:

Den Backofen auf 180 °C vorheizen.

Butter, Eigelb, Zucker, Vanille und Zitronenschale schaumig rühren. Das Mehl mit dem Backpulver und dem Zimt mischen. Mehl, Nüsse und Grieß abwechselnd mit der Milch unter die Mischung arbeiten.

Eiweiß steif schlagen und vorsichtig unterheben.

Eine viereckige Kuchenformform fetten, die Teigmasse hineingeben und ca. 40 Minuten backen.

Für den Sirup Wasser, Gewürze und Zitronenschale 10 Minuten köcheln lassen. Honig und Zitronensaft hinzufügen. Die Gewürze herausnehmen.

Den Kuchen aus dem Backofen nehmen, mit einer Gabel mehrmals einstechen und mit dem Sirup gleichmäßig übergießen.

In den noch heißen, aber ausgeschalteten Backofen schieben, bis die Flüssigkeit aufgesogen ist.

➡ TIPP: Der Kuchen schmeckt besonders gut, wenn er lauwarm serviert wird. Dazu passt geschlagene Sahne.

Schokoladentorte

Zutaten:

Für den Teig:

- 150 g Zartbitterschokolade
- 6 Eigelb
- 150 g Butter
- 100 g Zuckerrohrgranulat
- 6 Eiweiß
- 150 g Dinkelmehl
- 2 TL Weinstein-Backpulver
- etwas Butter und Mehl für die Tortenform

Für die Füllung:

- Aprikosenmarmelade

Für die Glasur:

- 100 g Zartbitterschokolade
- 2 EL Vollwert-Puderzucker
- 4–6 EL kaltes Wasser

Zubereitung:

Für den Teig die Schokolade im Wasserbad schmelzen. Eigelb, Butter und Zucker schaumig rühren, die geschmolzenen Schokolade hinzufügen.

Den Backofen auf 160 °C vorheizen.

Eiweiß steif schlagen. Das Mehl mit dem Backpulver vermengen und abwechselnd mit dem Eischnee unter die Schokoladenmasse heben.

Den Teig in eine gefettete, mit Mehl ausgestreute Tortenform (24 cm Durchmesser) geben und etwa 45 Minuten backen. Abkühlen lassen.

Den Tortenboden anschließend einmal durchschneiden. Den unteren Boden mit Aprikosenmarmelade bestreichen. Den oberen Boden darauf legen, fest andrücken. Die Tortenoberfläche ebenfalls mit Marmelade bestreichen.

Für die Glasur alle Zutaten in einem kleinen Topf bei geringer Hitze schmelzen lassen und die Torte damit überziehen.

Mohntorte

Zutaten:

- 140 g Butter
- 5 Eigelb
- 170 g Zuckerrohrgranulat
- 1 TL Zimt, gemahlen
- 1 Prise Vanillepulver
- 1 TL geriebene Zitronenschale
- 70 g Mandeln, gerieben
- 5 Eiweiß
- 200 g Mohn, gerieben
- etwas Butter und Mehl für die Tortenform
- geriebene Mandeln zum Bestreuen oder Johannisbeermarmelade und Mandelblättchen

Zubereitung:

Butter, Eigelb, Zucker und Gewürze schaumig rühren. Die geriebenen Mandeln unterarbeiten.

Den Backofen auf 160 °C vorheizen.

Eiweiß steif schlagen und abwechselnd mit dem Mohn unterheben.

Eine Tortenform (24 cm Durchmesser) fetten und mit Mehl ausstreuen, die Masse hineinstreichen.

Etwa 35 Minuten backen.

Den Kuchen sofort nach dem Backen aus der Form nehmen und noch heiß mit Mandeln bestreuen.

Oder den Kuchen etwas abkühlen lassen, die Oberseite mit Johannisbeermarmelade bestreichen und mit gehobelten Mandeln bestreuen.

Biskuit

(Grundrezept)

Zutaten:

- 3 Eiweiß
- 1 Prise Salz
- 6 EL heißes Wasser
- 50 g Zuckerrohrgranulat
- 3 Eigelb
- $^1/_2$ TL Vanille
- 120 g Weizen- oder Dinkelmehl
- $^1/_2$ TL Weinsteinbackpulver

Zubereitung:

Eiweiß mit Salz und heißem Wasser zu steifem Schnee schlagen, nach und nach Granulat, Eigelb und Vanille unterrühren, nochmals 2 Minuten schlagen.

Das mit Backpulver vermischte Mehl vorsichtig unterrühren.

Etwa 2 cm hoch in eine rechteckige, mit Backpapier ausgelegte Form streichen.

25–30 Minuten bei 160 °C backen. 3–4 Minuten im abgeschalteten Backofen stehen lassen.

5 Minuten in der Form abkühlen lassen, auf ein Kuchengitter stürzen, das Backpapier abziehen und auskühlen lassen.

Blitzbiskuit mit Marmelade

Zutaten:

- Biskuit nach Grundrezept (S. 309)
- Marmelade (Aprikose, Himbeere, Johannisbeere)
- 100 ml Fruchtsaft (nach Belieben)
- Kokosflocken oder geriebene Nüsse zum Bestreuen

Zubereitung:

Biskuit in 2 Teile schneiden, einen Teil mit der Marmelade bestreichen. Wer gerne saftige Kuchen mag, kann den Biskuit mit der Hälfte des Fruchtsafts beträufeln. Die zweite Biskuitplatte darauf legen, mit dem restlichen Fruchtsaft beträufeln und mit Marmelade bestreichen, mit Kokosflocken oder geriebenen Nüssen bestreuen.

Beerenbiskuit

Zutaten:

- Biskuit nach Grundrezept (S. 309)

Für den Belag:

- Marmelade zum Bestreichen
- 300 g frische oder TK-Beeren
- 1 Pck. Tortengelee (pflanzlich)
- 100 ml Fruchtsaft
- 2–4 EL Zuckerrohrgranulat

Zubereitung:
Den Biskuitboden mit Marmelade bestreichen, mit den Beeren belegen. Tortengelee mit Obstsaft und Zuckerrohrgranulat nach Packungsanweisung zubereiten und über die Beeren gießen.

➥ **TIPP:** TK-Beeren nur so kurz antauen, bis sich die Früchte voneinander trennen lassen. Nicht auftauen, sonst verlieren sie zu viel Saft und werden matschig!

Biskuit-Dessert mit Quark-Vanillecreme

Zutaten:

- 1/2 Biskuit nach Grundrezept (S. 309)
- Obstsaft oder Cointreau zum Beträufeln
- 1/2 Quark-Vanillecreme nach Rezept S. 277
- Vanillepulver

Zubereitung:
Biskuit in Rauten schneiden, mit Saft oder Likör beträufeln. Mit Quarkcreme bestreichen, mit einer Prise Vanillepulver bestreuen. Gleich servieren.

Haferplätzchen

Zutaten:

- 150 g Butter
- 100 g Zuckerrohrgranulat
- 1 Prise Gewürznelke, gemahlen
- 1 Prise Ingwer, gemahlen
- 1 Prise Vanillepulver
- 2 TL Zimt, gemahlen
- 1 Prise Salz
- 1 Ei
- 150 g Dinkelmehl
- 1 TL Weinstein-Backpulver
- 200 g Haferflocken, grob
- 50 g Sonnenblumenkerne
- 100 g Rosinen
- Wasser nach Bedarf

Zubereitung:

Die Butter zusammen mit dem Zucker in einem Topf schmelzen, etwas abkühlen lassen, Gewürze und Ei zufügen.

Das Mehl mit dem Backpulver und den Haferflocken vermischen und mit den Sonnenblumenkernen und den Rosinen zur Buttermasse geben. Den Teig gut durchkneten, wenn der Teig zu fest ist, etwas Wasser dazugießen. Den Teig 1 Stunde ruhen lassen.

Ein Backblech mit Backpapier auslegen.

Mit nassen Händen kleine Plätzchen formen und auf das Blech setzen.

Bei 160 °C etwa 25 Minuten backen.

Früchtekugeln

Zutaten:

- 250 g gemischte Trockenfrüchte (Aprikosen, Zwetschgen, Feigen, Datteln, Rosinen)
- 1 Prise Kardamom, gemahlen
- 1 Prise Nelkenpulver
- 1 Prise Zimt, gemahlen
- 1 EL Rum (nach Belieben)
- 100 g Wal- oder Haselnüsse, gerieben
- Kokosflocken

Zubereitung:

Die Trockenfrüchte über Dampf oder in ganz wenig Wasser weich garen. Abkühlen lassen und die Flüssigkeit abgießen.

Anschließend im Mixer pürieren, dabei Gewürze, Rum und Nüsse hinzufügen.

Mit nassen Händen kleine Kugeln formen und in Kokosflocken wälzen.

➥ **TIPP:** Verschlossen und kühl aufbewahrt halten Früchtekugeln ein bis zwei Wochen und eignen sich gut als Zwischenmahlzeit.

Granola

Zutaten:

- 125 ml mildes Oliven-, Sesam- oder Distelöl
- 200 g Honig oder Rohrohrzucker (als Puderzucker)
- 1 kg Haferflocken
- 200 g Haselnüsse, grob gehackt

Zubereitung:

Öl und Honig (bzw. Zucker, der sich vollständig auflösen muss) verrühren. Mit den Haferflocken und den Nüssen vermischen. Die Flockenmasse auf ein Backblech (ev. mit Backpapier ausgelegt) geben. Im Backofen bei 160 °C etwa 30 Minuten backen. Dabei mehrmals wenden. Die Flocken sind fertig, wenn sie sich hellbraun gefärbt haben.

Auskühlen lassen und in dicht verschließbare Dosen oder Gläser füllen.

➥ **TIPP:** Mit Milch oder Joghurt sind die Flocken ein köstliches Frühstück. Sie eignen sich aber auch zum Knabbern für zwischendurch.

Wochenspeisepläne

Bitte lassen Sie sich von der Fülle der folgenden Wochenspeisepläne nicht erschrecken! Sie bieten Vorschläge für mögliche Zusammenstellungen, sind aber keineswegs eine verbindliche Vorlage, die Sie insgesamt nachkochen müssen.

Allgemeiner Wochenplan: Schwerpunkt Gemüse

	Morgens	Mittags	Dessert oder Zwischenmahlzeit	Abends
Montag	Siehe Speisepläne für Vata, Pitta und Kapha (S. 51 f., 53 f., 55 f.)	Erbsencremesuppe (K) Gemüselasagne Rettichsalat (V,P) Rote-Rüben-Rohkost	Apfel-Joghurtcreme (K)	Dinkelgrütze (K) Überbackenes Joghurt-Gemüse
Dienstag		Kohlrabicremesuppe Tofu-Gemüse-Laibchen Mascarpone-Kartoffel-Gemüse (K) Gurken-Raita (V, K) Salat aus schwarzen Bohnen (V) Tomaten mit italienischem Dressing (P)	Karamellisierte Gewürzäpfel	Gemüsekuchen (P) Joghurt-Sauce »orientalisch«(V, K) Schoko-Mintcreme (K)
Mittwoch		Möhrencremesuppe (K) Maispizza mit Blattspinat Joghurtsauce mit Kräutern Blattsalat mit Kürbiskern-Dressing Sellerie-Rohkost (V)	Beerenkaltschale (K)	Buttermilchterrine mit Pellkartoffeln Äpfel mit Streuseldecke (K ohne Streusel)
Donnerstag		Kichererbsensuppe Gemüse gedünstet (Brokkoli, Möhren, grüne Bohnen, Kohlrabi) Joghurt-Curry-Sauce (V) Zitronensauce warm (P) Nusspesto (K) Gemischter Salat	Dinkel-Grießkuchen (K) Apfelsauce mit Ingwer (P)	Tagliatelle mit grünem Spargel Quinoa-Bananencreme (K)

	Morgens	Mittags	Dessert oder Zwischenmahlzeit	Abends
Freitag	Siehe Speisepläne für Vata, Pitta und Kapha (S. 51 f., 53 f., 55 f.)	Rote Linsenpüreesuppe (K) Fenchel-Gratin Bulgur Rote-Rüben-Rohkost	Marinierte Orangen (P) Pitta-Lassi (V, K)	Wirsingsuppe mit grünem Pfeffer (P ohne Pfeffer) Früchtereis (K)
Samstag		Kürbiscremesuppe Gerste-Sellerie-Auflauf Champignonsauce (K) Möhrenrohkost	Schnelle Vanillecreme (K)	Rote Rüben-Cremesuppe Bratäpfel
Sonntag		Basmatireis Mung-Dhal Aprikosenchutney Möhren-Bananen-Gemüse (K) Petersilien-Raita (V) Blattsalat mit Sesam-Sahne-Dressing	Halwa (K) Beerensauce (P, K) Kapha-Lassi (V, P)	Sesamkartoffel Gemüsepüree Aprikosen-creme (K)

(V) – bei Vata-Dominanz weglassen
(P) – bei Pitta-Dominanz weglassen
(K) – bei Kapha-Dominanz weglassen

Allgemeiner Wochenplan: Schwerpunkt Getreide

	Morgens	Mittags	Dessert oder Zwischenmahlzeit	Abends
Montag	Siehe Speisepläne für Vata, Pitta und Kapha (S. 51 f., 53 f., 55 f.)	Rote-Linsen-Dhal Kochdinkel Möhren-Bananen-Gemüse (K) Gurken-Raita (V, K) Sellerie Rohkost	Quark-Vanille-creme (K)	Süßer Grießauflauf Fruchtsauce aus gedörrten Aprikosen (K)
Dienstag		Kartoffelsuppe Hirsotto mit Erbsen und Algen Kürbispüree Rote-Rüben-Rohkost	Gewürzbirnen mit Weinschaum	Gerste-Joghurt-Suppe
Mittwoch		Blumenkohlcremesuppe Gefüllte Paprika Südliche Tomatensauce (P) Rettichsalat (V,P) Blattsalat mit Dressing mit Provencekräutern	Andas Verdauungs-joghurt (K)	Zwiebel-suppe (V) Sandis raffinierter Apfelkuchen (K)
Donnerstag		Lauchcremesuppe (V) Grünkernklöße Dillsauce (K) Rotkohl-Apfel-Salat	Erdbeermousse (nicht geeist)	Borschtsch
Freitag		Kalte Zucchinicremesuppe (K) Hafer auf Gemüsebett Feldsalat mit Nussmus-Dressing	Bananen gebraten (K)	Sesamkartoffel Überbackenes Joghurtgemüse
Samstag		Blattsalat mit Austernpilzen Zwiebelkuchen Kräuter-Joghurt-Sauce	Fruchtsalat	Lauch-Reis
Sonntag		Feine Tomatencremesuppe (P) Orientalische Sechskornlaibchen Linsensalat (V) Gemischter Salat	Hirse mit Früchten (K)	Spinat mit Mozzarella

(V) – bei Vata-Dominanz weglassen
(P) – bei Pitta-Dominanz weglassen
(K) – bei Kapha-Dominanz weglassen

Wochenspeiseplan bei Vata-Konstitution

	Frühstück (wärmend, nahrhaft, leicht verdaulich)	Mittags	Dessert oder Zwischenmahlzeit (nicht täglich)	Abends
Montag	Heißes Ingwerwasser Dinkelbrei oder Miso-Gemüsesuppe Auswahl nach Geschmack, dazu warmen Kräutertee oder Getreidekaffee	Tofu-Gemüse-Laibchen mit Möhrenschaum	Vata-Lassi	Zitronen-Reissuppe
Dienstag		Möhren-Orangensalat Mung-Dhal mit Dinkelgrütze	Schnelle Vanillecreme	Kürbis mit Ingwer und Safran Basmatireis weiß
Mittwoch		Selleriegemüse in Ei-Zitronensauce Bulgur	Früchtecreme aus Trockenobst	Pastinaken-cremesuppe
Donnerstag		Gemüsecremesuppe Sauerkrautsalat Delikate Grießklöße Kapernsauce	Apfelringe gebraten	Tofuklöße mit Püree aus gelben Rüben
Freitag		Zucchinisalat mit Joghurtdressing Süßer Weizenauflauf Apfel-Sauce mit Ingwer	Safrangetränk	Miso-Gemüse-suppe
Samstag		Brokkolicremesuppe Möhrenplätzchen Joghurt-Sauce »orientalisch«	Dattelcreme	Tomaten-Orangen-Suppe Halwa mit warmer Vanillesauce
Sonntag		Rote-Linsen-Dhal Basmatireis weiß Möhren in pikanter Marinade Aprikosen-Chutney Avocado-Creme	Dinkel-Zitronen-kuchen	Mascarpone-Kartoffel-Gemüse

Wochenspeiseplan bei Pitta-Konstitution

	Frühstück (Eiweißhaltig, kräftig)	Mittags	Dessert oder Zwischenmahlzeit	Abends
Montag	Granola mit Milch, Reis- oder Sojadrink Tofu-Gemüse-Laibchen Hirsebrei Tofu-Karottencreme mit Brot dazu leicht bittere Kräutertees oder Getreidekaffee	Spargelcremesuppe Hirsotto mit Algen Rote-Rüben-Rohkost	Quinoa-Bananencreme	Borschtsch Bratäpfel
Dienstag		Weißkohlsalat Dinkel-Karotten-Auflauf Champignonsauce	Schoko-Mintcreme	Feldsalat mit Champignons Grüne Nudeln mit Radicchio
Mittwoch		Möhren-Rohkost Kartoffelsalat Weizengluten-Gulasch Joghurt-Curry-Sauce	Fruchtsalat	Brokkoli mit Kokoscreme Kochdinkel
Donnerstag		Krauttopf mit Bulgur Süßer Buchweizenauflauf Fruchtsauce aus Dörrobst	Pitta-Lassi	Brokkoli-Quiche Chicorée mit Dressing mit Pinienkernen
Freitag		Bittere Blattsalate mit Sesam-Sahne-Dressing Zucchini-Schiffchen Rote-Rüben-Salat	Quark-Vanille-Creme	Gedünstete Gurken in Käsecreme Polenta
Samstag		Griechische Bohnen-suppe	Äpfel mit Streuseldecke	Rohkost mit Stan-dard-Dressing Gerste-Käse Plätzchen
Sonntag		Chinakohl-Cocktail Mung-Dhal weißer Basmatireis Kokos-Raita Bananen-Raita	Möhren-Nuss-Kuchen	Sesamkartoffel Buntes Paprika-Gemüse

Wochenspeiseplan bei Kapha-Konstitution

	Morgens (wenig, eventuell reicht warme Flüssigkeit)	Mittags	Dessert oder Zwischenmahlzeit (nicht täglich!)	Abends
Montag	Heißes Ingwerwasser Granola trocken oder mit heißem Wasser Pikante Miso-Gemüsesuppe Auswahl nach Geschmack, dazu anregende Kräutertees	Blumenkohl-Sellerie-Cocktail Gebratener Curry-Tofu	Feigen in Rotwein	Selleriecreme-suppe
Dienstag		Bittere Blattsalate mit italienischem Dressing Savilis Karotten-Gemüsegratin	Haferplätzchen	Asiatische Nudelsuppe
Mittwoch		Möhrenrohkost mit Italienischem Dressing Gebackene Maisschnitten Feuerlinsen-Sauce	Gewürzbirnen in Weinschaum	Spinatreis
Donnerstag		Wirsingsuppe mit grünem Pfeffer Süßer Hirseauflauf mit Aprikosen	Früchtekugeln	Blattsalat mit rotem Paprika
Freitag		Gemischter Salat Dinkel-Käse-Curry-Laibchen	Kapha-Lassi	Braune Linsen-suppe
Samstag		Rotkohl-Apfelsalat Pikanter Mandelreis mit Rosinen	Himbeersülzchen	Tagliatelle mit grünem Spargel
Sonntag		Kohlrabi-Radieschen-Salat Rote-Linsen-Dhal Buchweizen Apfel-Chutney Petersilien-Raita	Karamellisierte Gewürzäpfel	Überbackener Kürbis

Die Autorinnen: Wer sie sind und was sie tun

Die »Kräuterdrogerie« ist eine seit 1793 bestehende »Dürrkräutlerei«, eine Drogenhandlung, in der schon unter Kaiser Franz I. diverse Kräuter und Gewürze unters Volk gebracht wurden, um es zu kurieren. Heute gibt es in der Kräuterdrogerie nicht nur getrocknete Heilkräuter, Wurzeln und allerlei daraus Gebrautes, sondern auch eine gut bestückte Abteilung mit gesunden, qualitativ hochwertigen Nahrungsmitteln und – mittlerweile seit 14 Jahren – einen vollwertig-vegetarischen Imbiss (der nicht nur mit seinen Wohlgerüchen den 8. Wiener Gemeindebezirk verwöhnt).

Einen speziellen Bereich stellt das Angebot ayurvedischer Spezialitäten dar, die von Birgit Heyn und Anda Dinhopl entwickelt werden. Kräutertees, Gewürzmischungen und eine biologische, qualitativ hochwertige Kosmetik mit Massageölen füllen die Regale und finden regen Anklang. Die Besonderheit dieser Produkte liegt darin, dass die verwendeten Inhaltsstoffe mitteleuropäischen Bedürfnissen entsprechen und auch von sehr sensiblen Frauen und Männern ausgezeichnet vertragen werden.

Birgit Heyn gab den Anstoß für dieses Buch. 1983 hatte sie die Kräuterdrogerie übernommen und sie seither zu einem Zentrum für gesunde Lebensführung ausgebaut. Nach ihrem Pharmazie-Studium hatte sie zunächst Indonesien bereist und an der Hindu-Universität von Benares die Grundzüge des Ayurveda studiert. Aus diesen Erfahrungen heraus entstand ihr erstes

Buch »Ayurveda – die sanfte Kraft der indischen Naturheilkunde«.

Wieder zurück in Wien, begann Birgit Heyn damit, das System des Ayurveda und dessen großartige Möglichkeiten für unsere Gesundheit mit ihrem »westlichen« Wissen über Arzneien und Heilkräuter zu verbinden. Durch den Umgang mit vielen Menschen und im Erfahrungsaustausch mit Kunden rückte ein Schwerpunkt immer mehr in den Vordergrund: die tägliche Praxis – also die Umsetzbarkeit einer gesunden Lebensführung im Alltag jedes Einzelnen. Weil die Ernährung die wichtigste Basis für unseren Organismus darstellt, kann man auf diesem Gebiet am besten und konstantesten Gesundheit und Wohlbefinden unterstützen.

Marlene Warelopoulos hat nach ihrem Textildesign-Studium mit viel Einsatz und Kreativität aus der Ausgabe von ein paar täglichen Essen für Stammkunden einen vegetarischen Imbiss aufgebaut, der seinesgleichen sucht. Ihre Liebe zum Kochen und ihr Interesse an gesunder, vollwertiger Ernährung haben den Schatz an Rezepten entstehen lassen, den wir in diesem Buch zusammengefasst haben.

Weil sie eine Frau der Praxis ist, sind diese Rezepte von vielen guten Tipps begleitet, die eine gesunde Küche wohlschmeckend, bezahlbar und damit erst für den Alltag tauglich machen.

Anda Dinhopl ist die Autorin der Kapitel über Ayurveda und hat auch die Rezepte überarbeitet.

Nach ihrer Ausbildung zur Werbeassistentin, ihrer Arbeit in einem Videostudio und einigen Semestern Studium der Geschichte und Theaterwissenschaften hat sie sich für einen Platz in der Küche der Kräuterdrogerie entschieden, wo sie ihre Freude an gesundem Kochen (und Essen) ausleben konnte.

Seit 1981 ist sie Drogistin und bietet gemeinsam mit Birgit Heyn und Marlene Warelopoulos Kurse über Ayurveda, Heilkräuter und ätherische Öle an. Im Frühjahr 1999 ist von ihr ein Buch mit dem Titel »Frauenkräuter« erschienen.

Die Kräuterdrogerie
Kochgasse 34
A-1080 Wien
Tel. 43 - 1 - 4 05 45 22
Fax 43 - 1 - 4 09 17 27
E-Mail: heyn-ay@magnet.at

Alphabetisches Rezeptregister

a

b

Sachregister